최재천의 생태경영

최재천의
생태경영

통섭의 과학자,
자연에서
공영共營을 배우다

최재천 지음

메디치

들어가며

"저 귀양 좀 보내주세요"

나는 십수 년 전부터 우리 사회의 어르신들을 만나면 가량없이 "저 귀양 좀 보내주세요"라며 방정을 떨곤 했다. "이 사람 실없긴. 요즘 세상에 귀양은 무슨?" 하는 핀잔에도 아랑곳하지 않고 나는 자못 심각하게 푸념을 이어갔다. 배움에 대한 주체할 수 없는 오지랖 때문에 나는 우리 옛날 학자들의 글도 읽고 그에 관한 강연도 열심히 찾아다닌다. 그러던 어느 날 깨달음을 하나 얻었다. 우리 옛날 학자들 중에는 유독 유배지에서 업적을 남긴 분들이 많다는 걸.

'자찬묘지명(自撰墓誌銘)'에 밝힌 대로 평생 경집 232권과 문집 267권을 합쳐 무려 499권에 달하는 방대한 저술을 남긴 정약용(丁若鏞)은 1801년부터 18년 동안 이어진 유배 생활 중 대표작

《경세유표(經世遺表)》,《목민심서(牧民心書)》,《흠흠신서(欽欽新書》를 저술했다. 그의 형 정약전(丁若銓)은 같은 시기에 흑산도에서 귀양살이를 하는 동안 해양생물을 직접 관찰하고 기록해 우리나라 최초의 해양생물학 전문서라 할 수 있는《자산어보(玆山魚譜)》를 집필했다.

조선 말기의 대표적 실학자이자 서화가인 김정희(金正喜)는 헌종 때 9년간 제주도에 유배돼 있을 당시 그만의 독창적인 추사체(秋史體)를 완성했다. 조선 후기에 이른바 양반 문학이 평민 문학으로 넘어가는 전환점 역할을 한《구운몽(九雲夢)》도 김만중(金萬重)이 유배지에서 쓴 한글 소설이다. 한국콘텐츠진흥원이 네이버 지식백과에 제공한 문화콘텐츠닷컴 문화원형백과 '조선시대 유배문화'에 따르면 조선의 선비들이 유배지에서 불후의 업적을 남긴 사례는 이 밖에도 열거할 수 없을 정도로 많다.

이게 뭘 의미할까? 그 옛날에도 한양에 머물러서는 '스케줄'이 너무 많아 학문에 전념하기 어려웠다는 뜻이다. 만일 다산(茶山) 정약용이 귀양을 가지 않고 내내 한양에 살았다면 과연 우리 역사 최고의 다산(多産) 학자가 될 수 있었을까? 만일 그가 귀양을 가지 않았다면 오늘날 우리가 그를 어떻게 기억할까? 둘 중 하나일 것이다. 존재감이 없어 사람들 대부분은 아예 그를 기억하지 못하거나 기억하더라도 허구한 날 당쟁이나 일삼던 그 너저분

한 조선의 사대부 중 하나로 폄하할지도 모른다. 정약용이 유배를 당한 일은 개인적으로 엄청난 불행이었지만 우리나라 문화 발전에는 나름 다행스러운 일이었다고 말하면 지나친 억지일까?

나는 이름이 꽤 많이 알려진 학자다. 공식적인 자리에서 가끔 '세계적인 석학'으로 소개받곤 하지만 그건 결코 사실이 아니다. 50대 초반 비교적 젊은 나이에 이화여자대학교에서 석좌교수로 영입하는 바람에 지나치게 부풀려진 감이 있다. 외국의 세계적인 학자들 몇몇과 제법 잘 알고 지내는 편이고 때로 협업에 참여할 기회를 얻을 뿐 결코 석학 반열에 오른 사람은 아니다. 그래서 적이 초조했다. 정녕 석학(碩學)은 못 되더라도 석학(石确)으로 끝내지는 말아야 하지 않는가?

대한민국에서 연구자로 사는 삶은 결코 녹녹하지 않다. 그래도 교수라는 직업이 여전히 선망의 대상인 사회에서 자칫 맞아 죽을 소리일지 모르지만 때려치우고 싶은 허욕을 억누르고 산 지 오래다. 자나깨나 취직 걱정에 배움보다는 학점 관리에 더 매달릴 수밖에 없는 학생들을 가르치는 일도 예전처럼 즐겁지 않고, 돈 안 되는 연구를 하느라 쥐꼬리만 한 연구비에 신발끈 고쳐 매는 일도 날로 힘겹다. 그래서 나도 유배라도 당하면 혹여 불후의 업적을 남길 수 있지 않을까 처량한 꿈을 꾸게 되었다.

서천으로…

그런 내게 국립생태원 초대 원장이 되어 저 충청남도 맨 끝자락에 있는 서천으로 낙향하는 일은 어찌 보면 꿈에도 그리던 귀양처럼 보였다. 그곳은 서울에서 제아무리 용·빼는 재주를 부린들 무조건 3시간 반은 걸려야 닿을 수 있다. 지금 이 땅에 3시간 반이나 걸려야 갈 수 있는 곳이 몇 군데나 남아 있을까? 제주와 부산도 한 시간이면 날아가고 군대 생활을 그곳에서 해서 '인제 가면 원통'했던 강원도 인제와 원통도 요즘엔 한 시간 남짓이면 내달린다. 딱히 내가 스스로 원해서 간 것도 아니고 다분히 등 떠밀려 간 곳이다보니 '귀양'이라 해도 손색 없어 보였다.

국립생태원 후문에 맞닿아 있는 장항역은 용산역에서 새마을호로 3시간 15분이 걸려야 다다를 수 있다. 고속버스를 타고 전라북도 군산으로 가서 택시를 타고 국립생태원에 다다르면 그 또한 3시간 30분이 넘는다. 기차와 버스 모두 마다하고 직접 자가용을 몰면 서해안고속도로를 타든 경부고속도로로 가다가 천안논산고속도로와 서천공주고속도로로 옮겨 달리든 시간대에 따라 조금 다르긴 하지만 거의 어김없이 3~4시간 소요된다. 이 정도면 현대판 유배지로 손색이 없어 보였다. 그래서 3년 임기 동안 첫해 정도만 고생해서 기관이 안정되고 나면 남아도는 시간에 고즈넉한 시골 생활도 즐기며 그동안 미뤄뒀던 집필에 매진할 수 있을 줄 알았다.

하지만 착각도 이 정도면 중증이었다. 꼬박 3년하고도 2개월 동안 국립생태원장으로 근무하며 나는 서울이나 세종시에 볼일이 있거나 지방이나 해외에서 열리는 중요한 행사에 참여해야 하지 않으면 전시관이 문을 닫는 월요일을 제외한 주중에는 대체로 서천에 있고 주말에만 서울에 올라왔다.

돌이켜보면 서천에 있는 날 해가 떨어지기 전에 관사에 들어가본 날은 손에 꼽을 지경이다. 대한민국에서 누구 못지않게 바쁜 사람이지만 나는 저녁 시간은 반드시 집에서 가족과 함께 보내는 걸 원칙으로 살아왔다. 대한민국 남자로는 지키기 결코 쉽지 않은 원칙이었지만 가족이 아닌 다른 사람과 외식하고 귀가하는 일은 아마 1년에 열 번이 채 안 됐을 것이다.

나는 그동안 우리나라 남성들의 생산성이 떨어지는 원인이 '밤무대'라며 우리 사회의 지나친 회식 문화를 퍽 신랄하게 비판해왔다. 밤마다 객쩍게 몰려다니며 시간을 낭비하고 이튿날에는 숙취로 종종 일을 그르치며 사는 뭇 남정네를 비웃었다. 그랬던 내가 서천에서는 매일 저녁 외부 손님을 접대하거나 직원들과 회식하느라 '밤무대의 황태자'가 되고 말았다. 조직의 소통을 활성화하겠답시고 직원들이 조직한 온갖 동아리에도 가입해 대학 졸업 이후로는 거의 쳐보지 못한 당구와 볼링도 마다하지 않았다.

남의 생산성은 말할 나위도 없거니와 내 생산성도 여지없이 폭락했다. 불후의 역작은커녕 매주 쓰던 1,000자 미만의 신문 칼럼도 버겁게 느껴졌다.

나는 평생 해온 대학교수 생활에서 제대로 된 보직을 맡아본 일이 없다. 이를 점잖게 평가하면 나는 감투에는 전혀 관심이 없는 천생 학자라고 해줄 수 있겠지만, 좀 더 솔직하게 고백하면 나는 지극히 이기적인 사람이다. 대학에서 학장이나 처장을 해본들 다른 교수들이 "학장님, 처장님" 하고 부르는 소리가 귀에는 달콤할지 모르지만 실제로 내게 도움이 되는 건 별로 없어 보였다. 학장이나 처장은 기껏해야 다른 교수들 뒤치다꺼리나 해주는 '고급 조수'에 지나지 않는다. 그걸 내가 왜 해주나 싶어 온갖 보직을 요리 빠지고 조리 빠지며 오로지 내 연구만 하고 내 강의만 하고 내 논문과 책만 쓰며 정말 양체처럼 잘 먹고 잘 살았다.

그래서 몰랐다. 조직의 장을 한다는 게 어떤 것인지 몰라도 너무 몰랐다. 텔레비전 드라마에서 보면 회장님이나 실장님은 책상에 앉아 이따금 결재나 하고 호통만 치면 되던데. 행정이라곤 한 번도 제대로 해본 적이 없지만 일이야 어차피 직원들이 하는 것이니 원장은 그저 그들을 관리하고 감독하면 되리라고 생각했다. "어휴, 내가 잘못 생각해도 유분수였지(Boy, was I wrong!)."

리더라는 자리

난생처음 해본 기관의 우두머리 역할은 내게 너무 힘든 일이었다. 생각보다 훨씬 힘들었다. 하지만 큰 과오 없이 무사히 임기를 마쳤다. 얼마나 다행인지 모른다. 게다가 몇 가지 가시적인 실적을 놓고 볼 때 제법 성공한 CEO라는 평가가 내려졌다. 나는 임기를 마치고 떠나는 날 이임식을 하지 않았다. 워낙 형식 차리는 걸 즐기지도 않지만, 뭐 그리 좋은 일이라고 괜히 직원들 시간 빼앗고 꽃다발에 아까운 돈 쓰고 자칫 길게 늘어서서 악수하며 어색한 장면을 연출하기 싫었다. 그래서 그날 내가 직접 모든 사무실과 현장을 돌며 거의 500명 가까운 직원에게 일일이 개별 작별 인사를 했다.

그런데 한 직원의 말이 나를 다시 생각하게 만들었다. "에이, 원장님. 이건 아니죠. 뭐 야반도주하는 것도 아니고. 그래도 마지막 한마디는 남기고 가는 게 예의죠." 형식 차리는 건 싫지만 예의 없는 건 더 싫었다. 그래서 생태원 식구들에게 작별의 편지를 썼다. 쓰다 보니 자연스럽게 그동안 내가 무슨 생각을 하며 일했는지를 얘기하게 되었다. 말하자면 나만의 경영철학을 말하게 된 것이다. 그걸 원내 인터넷 게시판에 올리고 왔는데 그게 어떻게 외부로 유출돼 꽤나 많이 번져나간 모양이다. 몇몇 출판사에서 책으로 내자며 찾아왔다. 처음에는 절대 안 된다며 손사래를 쳤다. 기껏 한 번 해본 기관장 경험을 무슨 염치에 책으로 쓴단 말인가?

그러나 살다보면 나처럼 뒤늦게 졸지에 기관의 운영을 책임지는 상황에 처해지는 이들이 있을 것이라는 현실을 인식하게 되었고, 그들의 황당함에 조금이라도 도움이 된다면 쑥스럽지만 책을 쓰는 것도 그리 나쁘지는 않겠다는 생각이 들었다. 생각해보면, 정도와 연령의 차이는 있을지라도 남의 우두머리가 되는 일은 뜻밖에 많은 사람이 경험하게 되고, 그 경험은 언제나 처음 겪는 일일 테니 부끄럽지만 내 경험을 공유하는 일이 그리 나쁘진 않겠다는 생각이 들었다. 내 책을 읽고 일을 시작하는 사람 중 단 몇이라도 나만큼 치명적인 시행착오를 겪으며 고생하지 않을 수도 있으려니 하며, 그저 단 한 번 해본 짓이라 민망하지만 용기 내어 꺼내놓는 일이 그리 나쁘진 않겠다는 생각이 들었다.

숲은 식물과 동물이 한데 어울려 사는 곳이다. 나는 그동안 경영에 대해 아는 것도 없으면서 여러 기업에 불려가 '자연에서 배운다' 또는 '개미에게 배우는 경영 지혜'라는 제목으로 제법 여러 차례 강연한 적이 있다. 물론 경영을 잘 알아서 한 강연은 아니었다. 다만 경영 일선에 있는 분들에게 혹여 자연에서 벌어지는 일들이 섬광처럼 어떤 혜안을 줄 수 있지 않을까 해서 했던 강연이었다. 이 책은 그러던 내가 직접 경영을 해보고 얻은 겸허한 소감을 적은 것이다.

우리는 숲에 다다르면 다짜고짜 그 속으로 걸어 들어가기 바쁘다. 그러나 숲속에서 나무만 들여다보지 말고 때론 멀리서 숲 전체를 바라봐야 한다. 나는 결코 전문 경영인이 아니다. 하지만 평생 숲과 문명사회를 넘나든 덕에 자연스레 나무도 보고 숲도 보며 산다. 숲에서 가꾼 경영에서는 은은한 솔향이 풍겼으면 좋겠다.

2017년 12월
최재천

개정판을 내며

행정의 'ㅎ'자도 모르던 사람이 졸지에 공공기관의 수장이 되었다. 3년 2개월 동안 좌충우돌 경험하며 얻은 지혜를 수줍게 《숲에서 경영을 가꾸다》라는 이름으로 꺼내놓은 지도 어언 7년이 흘렀다. 그동안 책은 어느덧 스테디셀러 반열에 올랐고, 나는 온갖 단체와 기업에 초대되어 강연하며 과분한 사랑을 받았다. 왕이 될 운명을 타고난 게 아니라면 우리 대부분은 어느 날 갑자기 '어쩌다 리더'가 된다. '나를 따르라' 식의 카리스마 경영보다 공동경영과 공감경영, 즉 공영(共營)을 하시라. MZ 세대와 일하려면 더욱 그래야 한다.

2024년 7월

최재천

차례

1

운명처럼 다가온
국립생태원

생태학 연구소, 부탁합니다

2007년 6월 어느 날, 아침 신문을 보던 나는 국립생태원 건립에 관한 공청회가 열린다는 사실을 알았다. 국립생태원? 우리나라에도 생태학 연구기관이 국립으로 생긴다는 말인가? 나는 너무 기뻐서 그날 오후 지하철과 버스를 갈아타고 공청회장으로 향했다. 공청회장에 들어서자 환경부 직원들은 물론이고 조성 기본계획 용역을 수행한 생태학자들이 모두 내게 다가와 어떻게 왔느냐고 물었다. "어떻게 오긴요? 지하철 타고, 버스 타고, 그렇게 왔죠." 그도 그럴 것이 당시 나는 한국생태학회 회장을 맡고 있었다. 그런데 회장인 나도 모르게 이런 어마어마한 기획이 진행되고 있었다니. 그들도 당황했지만 나도 무척 당황스러웠다.

그러나 당황하는 분들과 달리 나를 반겨 맞이하는 사람들이 있었다. 국립생태원이 건립되기로 정해진 충남 서천군청 직원들과 주민 대표들이었다. 그보다 몇 해 전 나는 삼성경제연구소의 초청을 받아 생태학과 자연보전에 관한 강의를 한 적이 있다. 서천군이 삼성경제연구소에 맡긴 용역의 최종보고회가 열리는 자리였는데 용역팀이 제시한 서천군의 미래 전략이 '어메니티 서천(Amenity Seocheon)'인지라 내가 강사로 초청된 것이었다. '어메니티'란 어떤 장소나 분위기에서 느끼는 쾌적함을 뜻한다. 아름다움을 뜻하는 미(美), 정감 있고 따뜻한 인정을 뜻하는 감(感), 쾌적한 서천의 새 모습을 뜻하는 쾌(快), 약동하는 서천의 미래를 뜻하는 청(靑)을 기본 개념으로 하여 푸른 미래가 있는 젊은 서천을 만들어가자는 기획이었다.

그 강의에서 나는 환경을 보전하며 질 높은 삶을 영위하는 시대가 다가오는 미래라고 강조했다. 서천군 국립생태원 건립 준비단 직원들은 내 강의를 고스란히 기억하고 있었다. 당시 서천군의 행정을 책임지던 나소열 군수와 준비단이 주축이 되어 2007년 6월 정부 6개 부처 공동의 '서천발전정부대안사업추진 공동 협약'을 이끌어냈다. 공청회는 이 협약을 조기에 이행하기 위해 3개월간 급행으로 수행한 용역 결과를 발표하는 자리였다.

공청회의 1부는 예정대로 순조롭게 진행되었다. 당장 돈이 되지 않으면 아무도 거들떠보지 않던 우리 사회에 국립 생태학 연구소가 세워진다는 벅참에 나는 환경부 용역팀의 발표를 비판적으로 들여다볼 겨를이 없었다. 그저 꿈만 같았다. 사실 운명은 2003년 노무현 정부 첫 환경부 장관으로 임명된 이치범 박사의 저녁식사 초대로 거슬러 올라간다. 독일에서 철학박사 학위를 받고 돌아와 환경운동에 몸담고 있다가 덜컥 장관이 된 이 박사는 임명되자마자 나와 최열, 문국현, 양길승 등 무너져 내리는 이 땅의 자연을 안쓰러워하는 몇몇 인사를 인사동 어느 작은 음식점으로 초대했다. 저녁식사를 하던 이 장관이 내게 불쑥 "나, 환경부 장관으로 뭘 하면 돼요?"라고 물었다. 그야말로 밑도 끝도 없는 거창한 질문이었다.

나는 식사 내내 대화에는 끼는 둥 마는 둥 하며 머릿속으로 줄곧 참여정부 첫 환경부 장관의 머릿속에 뭘 심어둬야 하나를 고민했다. 식사가 얼추 끝나가던 무렵 나는 그에게 "국립 생태학 연구소 하나 지어주세요"라고 말했다. "왜요?"라는 그의 질문에 나는 이렇게 답했다.

"우리 정부의 환경 정책들이 대개 근시안적인 이유는 환경문제에 관한 근본적이고 기초적인 연구가 이뤄지지 않기 때문입니다. 환경부 산하에 '환경'이란 이름이 붙은 기관은 많지만 전부 이미 벌어진 환경문제에 대한 대응책을 마련하는 일로 바쁩니다. 환경학이 아니라 그보다 더 기초학문인 생태학을 연구하는 국립

기관을 하나 만들어주십시오."

우리 정부는 오래전 전라북도 군산과 충청남도 장항을 한데 묶어 군장국가산업단지를 개발해주기로 약속했다. 요즘은 대개 서천으로 불리지만 원래 서천 지역은 장항이라는 이름으로 많이 알려져 있었다. 그 옛날 견학도 가던 장항제련소가 있던 곳이다. 금강을 사이에 두고 군산과 장항은 둘 다 잘 발달된 갯벌로 유명한데, 우리 정부가 1991년 11월 새만금방조제 착공을 시작으로 군산에는 끊임없이 엄청난 예산을 쏟아붓는 데 비해 장항 지역을 위해서는 이렇다 할 개발 계획을 내놓지 않자 드디어 참다못한 서천군민들이 중앙정부로 쳐들어온 것이다.

이제는 고인이 되신 노무현 대통령은 우리나라 역대 대통령 중 자연에 대한 이해가 가장 명확하셨던 분이다. 딱히 환경학이나 생태학을 전공한 것도 아니건만 퇴임 후 봉하마을 주민들과 함께 직접 생태하천 만들기 작업도 하신 분이다. 그분에게 이제 더는 이 땅의 갯벌을 훼손해서는 안 된다는 확고한 신념이 있었다고 전해들었다. 그러나 갯벌을 메워 공장을 짓겠다는 서천군민들을 설득하는 일은 결코 쉽지 않았을 것이다. 이때 나온 대안이 바로 국립생태원 건립이었다. 이치범 장관에게 확인해본 것은 아니지만 철학을 전공한 그분의 머리에서 튀어나온 아이디어는 아니었을 것 같다. 나는 인사동 저녁식사 자리에서 내 말을 경청하며 메모하던 그분 모습을 지금도 생생하게 기억한다. 국립생태원은 어쩌면 그렇게 '최재천의 운명'이 되었는지도 모른다.

공청회 1부가 끝나갈 무렵 나는 다른 일정이 있어 조용히 자리를 뜨려 했다. 하지만 사회자가 그런 나를 불러 세우곤 명색이 한국생태학회 회장인데 한말씀 하고 가라고 했다. 나는 그동안 대접받지 못한 채 살아온 이 땅의 모든 생태학자에게 이런 행운이 찾아올 줄 꿈에도 몰랐다며 서천 주민들의 요구도 잘 반영해 좋은 기관을 만들어달라고 후한 덕담을 남기고 떠났다.

그러나 이튿날 예고도 없이 내 연구실에 들이닥친 환경부 직원들이 전한 현장 소식은 정말 뜻밖이었다. 내가 자리를 뜨고 난 다음 이어진 2부에서 환경부와 용역을 맡았던 연구진이 그야말로 박살이 났단다. 서천 주민들의 요구가 충분히 반영되지 못한 것은 말할 것도 없고 국가기관이 생긴다기에 전국에서 몰려온 환경과 생태 관련 학자와 운동가들이 말 그대로 벌떼처럼 달려들었단다. 사실 조금 서두르는 감은 있었다. 합의를 보는 데 워낙 오래 걸린 사업이라 되도록 빨리 착공하려는 마음에 불과 3개월짜리 단기 용역을 추진한 게 화를 불렀다.

예상하지 못한 저항에 부딪힌 환경부는 용역을 다시 하기로 결정하고 내게 그걸 맡기러 찾아온 것이었다. 마침 생태학회 회장을 맡고 있던 나로서는 딱히 거절할 명분이 없었다. 숙고 끝에 맡기로 했다. 단, 두 가지 단서 조항을 달았다. 또다시 3개월짜리 졸속 용역은 하지 않겠다고. 적어도 1년 정도 시간을 달라고. 그리고 이미 연구, 전시, 엔지니어링 등 셋으로 쪼개져 있는 용역 중 연구 부문을 맡는 것이지만 나를 총괄 책임자로 만들어달라고. 환경부는 내 요구를 모두 들어줄 수밖에 없었고 나는 결국 2008년을 송두리째 바쳐 국립생태원의 밑그림을 그렸다.

다스리는가, 섬기는가?

무슨 생각에 내가 그때 그런 구체적인 요구 사항을 꺼냈는지 이제는 정확히 기억나지 않지만 결과적으로 잘한 일이었다는 걸 보여주는 일화를 하나 소개하련다. 2007년 8월 서천군이 마서면 일원의 부지 99만 8,000m²(약 30만 평)를 건립지로 선정한 다음 서천에서 열린 보고회에서 벌어진 사건이다. 엔지니어링 용역을 맡은 건설회사 부사장님의 발표를 내가 중단시키는 초유의 사태가 벌어졌다.

나지막한 야산으로 둘러싸인 논바닥이라 솔직히 생태적으로 그리 대단한 부지는 아니었지만 마치 아파트단지를 건설하듯 전역을 갈아엎어 택지를 조성하겠다는 발표에 나는 경악을 금하지 못했다. 그래서 총괄 책임자의 권한으로 발표를 중지시키고 나는 그럴 생각이 전혀 없다고 잘라 말했다. 명색이 국립생태원을 짓는 만큼 주변 자연환경을 가능한 한 훼손하지 않으면서 지었으면 한다고 내 의견을 제시했다. 그러자 그는 내 귀에까지 들릴 정도로 불쾌한 반응을 여과 없이 내보였다. 정확하게 인용할 수는 없지만 대충 이렇게 말한 것 같다. "아, 이거 뭘 좀 아는 것들이랑 일을 해야지. 나 원 참."

나는 평소에는 더할 수 없이 온화하지만 그런 무례를 참을 위인은 아니다. "지금 뭐라 하셨습니까?"라고 따져 물었다. 그러자 그는 이런 정도 시설을 지으면서 어떻게 택지를 조성하지 않고 할 수 있느냐고 거칠게 투덜거렸다. 나는 대번에 "제가 이 일을 맡으며 놀고먹으려 했겠습니까? 저도 외국 사례들 열심히 공부하며 일하고 있습니다. 그 사람들은 나무 한 그루도 건들지 않으며 대단한 시설들을 잘도 짓던데 왜 못 하겠다는 겁니까? 그럴 능력이 없으면 지금이라도 깨끗이 빠지십시오. 제가 다른 팀을 구해서 진행하겠습니다"라고 했더니 그는 정말 문을 박차고 나가 버렸다. 하지만 저녁 회식 때 돌아온 그는 내게 함께 상의하며 잘해보겠다고 약속했다. 내가 총괄 책임의 열쇠를 쥐고 있지 않았다면 어림도 없을 일이었다.

그러나 2008년 2월 25일 이명박 정부 출범과 함께 모든 게 뒤틀리기 시작했다. 나는 2007년 12월 19일 밤늦게까지 청계천을 배경으로 이명박 후보가 대선 승리 연설을 하는 걸 지켜보며 이틀 후인 12월 21일자 〈서울신문〉 칼럼 '최재천의 인간견문록'에 실을 원고를 쓰고 있었다. 이 대통령과 나의 악연은 여기서부터 본격화하기 시작한 것 같다. 부산에서 서울까지 대운하를 건설하겠다는 공약을 앞세우며 당선된 새 대통령에게 드리는 축하치고는 솔직히 너무 심했다는 것은 인정한다. 그러나 당시 한국생태학회 회장과 환경운동연합 공동대표를 맡고 있던 나로서는 불을 보듯 뻔한 생태 대재앙을 그대로 지켜볼 수 없었다. '다스림과 섬김'이라는 제목의 그 칼럼 전문을 여기 다시 소개한다.

이명박 대통령님께 올립니다. 축하합니다. 참으로 길고 힘겨운 여정이었습니다. "경제, 반드시 살리겠습니다!"라는 공약을 내거셨던 우리나라 역사상 최초의 경제인 출신 대통령이신 만큼 경제는 정말 확실하게 살려내시리라 기대해봅니다. 하지만 바로 그 점에 대해 한 가지 심히 우려되는 게 있어 이렇게 몇 자 적습니다.

선거 기간 내내 말도 많고 탈도 많았던 경부운하에 대해 대통령님께 다시 한번 심각하게 재고해주십사 간청합니다. 진정으로 위대한 지도자는 잘못된 줄 알면서도 국민을 고난의 늪으로 끌고 들어가는 사람이 아니라 늘 밝은 눈으로 주위를 살피며 보다 나은 길이 있으면 과감히 새 길을 택할 줄 아는 분이라고 생각합니다. 경제인 출신 대통령의 최대 장점이 바로 이럴 때 발휘할 수 있는 융통성일 겁니다.

세상이란 어느 위치에서 보는가에 따라 달리 보이는 법입니다. 후보로서 보던 세상과 정작 대통령이 되어 보는 세상이 다르다면 그에 따라 전략도 새롭게 구축해야 하는 게 현명하지 않겠습니까? 어차피 경부운하 공약 덕에 대통령이 되신 것도 아니잖습니까? 오히려 그 공약이 표를 깎아먹는데도 불구하고 당선되셨습니다. 지금 버리셔도 절대로 큰 흉이 되지 않습니다.

도대체 누가 언제 대통령님의 귀에 운하를 속삭였는지 모르지만 지금과 같은 속도의 시대에 풍류의 운송수단이 웬말입니까? 중국이나 유럽 대륙 한복판에 운하가 있는 것은 이해할 수도 있습니다. 뱃길을 획기적으로 줄이기 위해 만든 파나마와 수에즈 운하는 당연히 설득력이 있습니다. 하지만 삼면이 바다인 이 작은 반도국가에서 운하라니요? 공약이 아니고 정상적인 과정을 밟아야 하는 여타의 국책사업이라면 한국개발원(KDI)의 타당성 검사조차 통과하지 못할 사업입니다.

경제성에 관한 판단은 대통령님께서 저보다 훨씬 더 합리적으로 내리실 테니 저는 한국생태학회 회장과 환경운동연합 공동대표로서 환경파괴에 관해서만 말씀드리겠습니다. 어름치, 꾸구리, 돌상어, 배가사리, 흰수마자, 여울마자, 돌마자, 얼룩새코미꾸리, 모래주사, 미호종개, 기름종개… 대통령님은 이들이 누군지 아십니까? 하천 바닥이 긁히기 시작하면, 서로 다른 물길이 연결되어 수심이나 유속이 변하기 시작하면, 아닌 밤중 날벼락에 까닭도 모르며 멸종 위기로 내몰릴 이 나라의 민물고기들입니다. 이를테면 자연생태계의 민초들이지요.

　　배스나 블루길 같은 외래종 때문에 우리 토종 물고기들이 속절없이 사라져간 일을 대통령님도 알고 계시지요? 외래종은 반드시 해외에서만 오는 게 아닙니다. 생태학적 외래종은 한 나라 안에서도 나타납니다. 한강과 낙동강의 물길을 연결하면 한강에 살던 끄리와 치리들이 낙동강의 납자루들을 무자비하게 몰아칠 것입니다. 청계천을 재건하여 세계적인 환경 영웅이 되신 대통령님이신데 절더러 기껏 물고기 타령이냐고 나무라시지는 않으시겠지요?

　　예부터 '치산치수(治山治水)'가 국운을 좌우한다고 했지만 현대생태학은 '다스릴 치(治)'에 대해 대단히 불편해합니다. 그 옛날 생태학 지식이 부족하여 우리 인간이 오만하던 시절에는 다스려도 되는 줄 알았습니다. 하지만 자연은 다스리는 게 아닙니다. 섬겨야 합니다. 나라는 다스리되 백성은 섬겨야 성군이 되듯이 자연 속에 사는 다른 생물들을 섬길 줄 알아야 만물의 영장으로서 자격이 있는 겁니다.

이명박 대통령님, 다시 한번 간곡히 청합니다. 경제를 살려달라고 했지 환경을 죽여달라고 하지 않았습니다. 당선의 기쁨을 만끽하고 계셔야 할 때 이렇게 득달같이 쓴소리부터 해서 죄송합니다. 인수위원회가 열리기 전에 말씀드려야 할 것 같아 서둘렀습니다. 공약도 과감히 수정할 줄 아는 진정한 카리스마를 보여주십시오.

오고초려 끝에

돌이켜 생각해보니 내가 만일 이런 글 공격을 받는 처지였다면 퍽 섭섭했을 것 같긴 하다. 아직 취임도 하지 않은 상태에서 당선의 기쁨이 채 가시기도 전에 이런 독설을 뒤집어쓰다니 역지사지를 해보면 내가 지나쳤다는 생각도 든다. 훗날 청와대 어느 수석으로부터 대통령께서 "아, 이 최 교수 도대체 왜 이래?" 하며 많이 언짢아했다는 얘기를 전해 들었다.

이 대통령과 나는 서로 모르는 사이가 아니었다. 그가 서울 시장으로 일하던 시절 서울동물원을 생태동물원으로 만드는 기획을 할 때와 한창 청계천 복원 사업을 밀어붙이던 때 두 번이나 부름을 받아 전문가로서 의견을 피력한 바 있다. 그리고 2002년 한국생태학회가 세계생태학대회(INTECOL)를 유치해 코엑스에서 행사를 할 때 축사를 하러 온 그를 나는 대회 학술위원장으로서 영접하기도 했다. 이 대통령은 나를 비롯한 수많은 교수와 환경단체들의 엄청난 반대에 부딪혀 결국 경부대운하 사업을 접었다.

그러나 곧바로 대안으로 들고 나온 '4대강 사업'은 포장만 달리한 대운하 사업 그 이상도 그 이하도 아니었다. 우리는 저항을 멈출 수 없었는데, 개인적으로 나는 계좌 추적과 세무 조사의 곤혹을 치러야 했고 연구비도 줄줄이 배제 또는 중도 탈락하는 수모를 겪었다. 이에 대한 자세한 사항은 여기서 밝힐 문제는 아닌 것 같아 이쯤에서 멈추기로 하지만 '국립생태원조성기본계획수립' 용역 역시 난항을 겪을 수밖에 없었다.

우여곡절 끝에 2008년 12월 용역 보고서를 제출하고 난 다음부터 나는 국립생태원 건립에서 철저하게 배제되고 말았다. 2009년부터 2013년까지 국립생태원이 건립되는 동안 나는 가까이 지내던 서천군 추진단 직원 한 명과 딱 한 번 몰래 현장을 잠시 둘러보았을 뿐 근처에 얼씬조차 하지 못했다.

대규모 건설 공사가 대개 그렇듯이 국립생태원 건립도 예정보다 많이 늦어졌다. 만일 국립생태원이 예정대로 건립됐다면 내가 초대 원장이 될 확률은 아마 제로 혹은 마이너스였을 것이다. 비록 같은 정당이 이어받았지만 새로운 정부가 들어서는 바람에 나도 원장 공개 모집에 지원서라도 낼 수 있었다. 사실 나는 생태원장을 할 생각이 전혀 없었다. 대학에서도 온갖 보직을 회피하며 살았고 행정직에는 추호의 관심도 없었다. 하지만 이 땅에서 생태학을 전공하면서 과연 대운하와 4대강 사업에 찬성할 학자가 있을까 생각했던 우리 기대를 저버리고 이명박 정부 정책에 동조해 온갖 혜택을 누리던 일군의 생태학자가 결국 국립생태원 건립 추진단을 장악했다.

가만히 있으면 그들 중 한 양반이 생태원 초대 원장이 될 것이라며 생태학회의 원로와 중진 회원들이 내 연구실로 들이닥쳤다. 이 상황을 멈출 수 있는 사람은 나밖에 없다며 그야말로 '삼고초려'를 넘어 '오고초려'를 하는 바람에 끝내 굴복하고 말았다. 지금 이 순간에도 나는 그때 내가 잘 결정했는지 확신이 없다. 개인적으로 얻은 것과 잃은 것이 너무도 극명하게 엇갈리는 행보였다.

자기가 기획한 기관의 토대를 굳건히 하는 것은 분명 의미 있는 일이다. 선진국에서는 건립 과정을 총괄 감독한 다음 초대 기관장이 되어 일하는 게 결코 낯설지 않다. 임기도 10년 정도는 족히 된다. 그러나 우리 사회에서는 꿈도 못 꿀 일이다. 나를 잘 아는 사람들은 모두 내가 감투에 눈이 어두워 그 먼 곳까지 내려간 것이 아님을 잘 안다.

나는 사실 이전에 몇 차례나 국립생태원장보다 더 큰 자리를 제안받곤 했다. 그 모든 제안을 물리쳤던 내가 끝내 생태원장직에 도전한 이유는 오로지 일을 하기 위함이었다. 내게는 원장이 되는 게 중요한 것이 아니라 생태원 경영을 맡아 내가 그토록 심혈을 기울여 디자인한 기관을 굳건한 반석 위에 올려놓는 것이 훨씬 값진 일이었다.

국립생태원이 과연 나의 노력으로 확실하게 자리를 잡았는지는 먼 훗날 판가름 나겠지만, 나는 우선 건강을 확실히 잃었고, 무엇보다도 아내의 신임을 잃었다. 평생 학교와 집만 알다가 나이 60줄에 접어들어 집을 떠나는 나를 아내는 끝내 용서하지 않았다. 3년이 넘도록 내가 서천에서 일하는 동안 귀한 손님들을 모시고 어쩔 수 없이 한두 차례 생태원을 방문하기는 했지만 끝내 원장실과 내가 살던 관사에는 단 한 번도 들르지 않았다. 주말에 집에 돌아오면 아내는 은근히 내 건강은 살피면서도 끝내 내가 저지른 일에 대해서는 윤허를 내려주지 않았다. 나이가 들어가며

절대로 잃지 말아야 할 두 가지를 나는 한꺼번에 잃었다. 국립생
태원의 성공이 이런 내 삶의 구멍을 메워줄지 두고 볼 일이다.

국립생태원은 나에게 운명처럼 다가왔다.

2

'위원장 동지'에서
원장으로

동료들과의 작은 전통

이 나라에서 대학교수로 살다 보면 온갖 위원회에 불려나가기 일쑤다. 나도 지난 10여 년간 참으로 다양한 위원회에 불려다녔다. 그러더니 언제부턴가 툭하면 위원장으로 호선당하기 시작했다. 어떨 때는 회의에 조금 늦어 헐레벌떡 뛰어들어가 살며시 내 자리에 앉으면 다들 내 얼굴을 뚫어지게 쳐다보았다. 늦어서 죄송하다는 인사는 받으면서도 여전히 빤히 쳐다봐 내 얼굴에 뭐라도 묻었느냐 물으면 어서 회의를 진행하란다.

"왜 제가요?"라고 물으면 위원장으로 호선됐단다. 거듭 "왜 제가?"라고 물으면 제일 연장자라서 그렇단다. 어쩌다 내 나이가 벌써 이렇게 됐나 싶어 서글프기도 하다. 여기저기 위원회에서 위원장으로 봉사하던 어느 날, 어느 분이 날더러 '위원장 동지'라는 그리 달갑지 않은 별명을 지어줬다. 김정일, 김정은 부자가 떠올라 기분이 썩 좋지는 않았지만 어쩌랴? 이것도 다 내 업보라고 생각하며 가끔은 수락하고 열심히 회의를 주재하며 살았다.

위원장(委員長)과 원장(院長)은 사실 글자 '위'가 있고 없고의 차이 정도가 아니다. '원'자도 한자가 다르며 막상 겪고 보니 하는 일이 천지차이다. 위원장은 주어진 이슈에 대해 위원들의 의견 차이를 조율하며 모종의 결론을 도출하는 게 임무의 거의 전부인데, 원장은 의견 수렴은 기본이고 수많은 다른 능력이 필요한 직책이란 걸 알게 되었다.

초등학교 때 반장 한 번 해보지 않은 사람이 어디 있느냐 하지만, 나는 별나게 반장도 여러 차례 했고 사형제의 맏이로 태어나 늘 남들을 통솔해야 하는 줄 착각하며 살았다. 그러나 더 자라면서 나는 내가 리더로서 갖춰야 할 이른바 카리스마가 부족하다는 걸 깨달았다. 모름지기 리더란 버릴 것과 취할 것을 분명히 알며 맺고 끊는 게 확실해야 한다던데 나는 타고난 성격이 그리 모질지 못해 일을 그르친 적이 많다. 무슨 연유인지는 몰라도 리더의 자리에는 종종 부름을 받으면서 살았지만 화끈하게 잘해본 적은 별로 없었던 것 같다. 그저 소박하게 한두 가지 작은 일을 시작했을 뿐이다.

하버드대학교에서 박사과정을 할 때 1년간 비공식적으로 대학원생 대표 역할을 한 적이 있다. 펜실베이니아주립대에서 석사 공부를 하던 시절 수업에서보다 훨씬 많은 걸 배운 점심 모임인 '브라운 백 세미나(Brown Bag Seminar)'를 도입하려다 처참하게 실패했다. 브라운 백 세미나는 각자 자기 도시락을 챙겨와서 누군가의 발제를 듣고 토론하는 자리인데, 워낙 자존심이 하늘을 찌르는 친구들이라 그런지 호응이 너무 없어 거의 시작도 못 해보고 접어야 했다. 그 대신 토론 수업을 좀 더 활발하게 이끄는 비법을 배우기 위해 당시 사례 연구 방법(Case Study Method)을 개발해서 대단한 명성을 얻고 있던 하버드 경영대학원의 크리스튼슨(C. Roland Christenson) 교수님을 모셔 몇 차례 교습을 받게 한 일은 두고두고 좋은 평가를 얻었다.

파나마 바로콜로라도섬(BCI, Barro Colorado Island)에 있는 스미스소니언 열대연구소(STRI, Smithsonian Tropical Research Institute)에서 현장 연구를 하던 시절에는 연구자 대표로 뽑혀 1년여 봉사를 했다. 연구소 경영진을 상대로 현장 연구자들의 복지를 위해 강력한 리더십을 발휘했던 것은 분명히 아니다. 하지만 1980년대 중반에 내가 시작한 '뱀비 토크(Bambi Talk)'라는 격식 없는 세미나 시리즈는 30년이 지난 지금도 이어지고 있단다.

나는 조직을 통솔하는 일보다는 동료들과 함께 작은 전통을 새로 만드는 일을 더 좋아하는 것 같다. 그런 일에는 약간 재주도 있는 듯싶고. 국립생태원 초대 원장으로 내가 한 일도 결국 따지고 보면 조직을 통솔하고 지휘했다기보다는 직원들과 몇몇 작은 전통을 만드느라 애쓴 것 같다.

"장사 하루 이틀 하셨어요?"

2013년 10월 21일, 나는 윤성규 당시 환경부 장관으로부터 임명장을 받고 국립생태원 원장 일을 시작했다. 출근 첫날 본부장 다섯 명과 건립추진단에서 잔류한 몇몇 직원과 인사를 나누고 곧바로 함께 경내를 둘러보았다. 기본 계획 용역 보고서를 제출한 지 거의 5년 만에 둘러보는 생태원은 내가 기획한 모습과 달라도 너무 달랐다. 그리도 많은 사람이 그리도 애써 만든 보고서를 그리도 완벽하게 무용지물로 만들어도 되는지 큰 소리로 묻고 싶었다. 국제 설계 공모로 선정된 외국 디자이너의 아이디어로 만들어진 생태전시관 에코리움(Ecorium)을 제외한 거의 모든 게 마음에 들지 않았다.

나의 불만은 본부와 연구동의 공간 부족을 파악하면서 폭발했다. 첫 직원 채용이 끝나고 새로 들어올 직원들의 사무 공간을 배정하는 과정에서 뜻밖에 공간이 부족하다는 보고를 받았다. 최종 용역 보고서에 내가 제안한 국립생태원 직원 수는 자그마치 500명이었다. 억지인 줄 알면서도 500을 써내면 결국 정부에서

250을 배정해주는 법이라는 경험자들의 '꼼수' 충고를 받아들여 그리한 것이었다. 건립 과정에서 철저하게 배제하면서도 급해지면 어김없이 환경부에서 연락이 오곤 했다. 완공을 얼마 앞두고 당시 행정안전부에서 94명을 배정해 내려 보낸다는 소문이 있다며 환경부의 황급한 요청이 있었다. 나는 사실상 전혀 관여하지도 못 하고 원장을 할 것도 아닌데 이런 황급한 전화를 몇 차례나 받았다. 백방으로 뛰어다닌 덕에 가까스로 204명을 확보할 수 있었다.

그런데 사무실 공간이 부족하다니 도대체 웬 말인가 싶어 도면을 가지고 직접 돌아다니며 실측까지 해봤는데 부족한 게 사실이었다. 알고 보니 설립 과정에서 추진단이 예산을 절감하기 위해 설계 변경까지 하며 직원을 100명 규모로 줄였다는 것이다.

그래서 나는 곧바로 장관에게 달려갔다. 생태원장 직권으로 감사원에 감사를 신청할 테니 허락해달라고 떼를 썼다. 내가 기획한 대로 지어지지 않은 시설을 뜯어고치려니 이제 막 문을 연 신설 기관의 시설에 또다시 국민의 혈세를 집어넣는 일 자체가 감사 대상이란다. 차라리 내가 감사를 자청해서 지적을 당하면 고칠 명분이라도 얻을 수 있지 않겠느냐며 우겼다. 초대 원장인 내가 자진해서 종아리를 걷겠다고 했지만 끝내 허락은 얻어내지 못했다.

부족한 공간은 사무 공간만이 아니었다. 생태원이 문을 열면서 식구는 날로 느는데 정작 서천군에는 직원들이 살 만한 숙소가 마련돼 있지 않았다. 결국 나와 본부장들 그리고 간부급 직원 몇몇을 빼고 직원들 대부분은 이웃 도시 군산에 방을 얻는 웃지 못할 사태가 벌어졌다. 서천군청을 처음 방문한 자리에서 그곳 공무원 한 분이 생태원에서 군산으로 넘어가는 금강하구둑에 CCTV를 설치해 누가 거기서 출퇴근하는지 찾아내겠다며 목소리를 높이기도 했다. 지역경제에 보탬이 되라고 유치했더니 집은 전부 남의 동네에 가서 얻다니 말이 되느냐는 것이었다.

어색한 분위기를 수습한답시고 나는 "아이고, 장사 하루 이틀 하셨어요? 제가 용역 보고서에 500명을 써냈으면 대충 절반 정도 올 것이라 짐작하고 미리 아파트나 전원주택을 지어놓았어야죠" 했다. 평생 학자로만 살았던 내 입에서 튀어나올 말은 아니었지만 오죽 답답했으면 내가 그리 말했겠는가?

건립추진단과 서천군 사이의 소통이 영 원활하지 않았던 것 같다. 서천군에서는 계속 직원이 몇 명이나 내려오느냐고 물었지만 책임지기 싫어한 추진단은 끝내 숫자를 언급하지 않은 것이다. 정작 용역 보고서에는 직원 수백 명과 그 가족이 내려오면 주변 학교들도 정비하고 조만간 대형 유통 마트를 유치할 계획까지 적어냈건만 첫 단추부터 어긋나기 시작했다. 공기는 서울보다 분명히 깨끗할 텐데 가슴은 그저 답답하기만 했다.

환경부가 내게 저지른 가장 혹독한 형벌은 나와 본부장들을 함께 임명한 일이었다. 국립생태원 정관에는 분명히 본부장들을 원장이 임명하게 되어 있다. 신설 기관이고 초대 임원들이다보니 편의상 그리했다는 게 환경부의 설명이었다. 아무리 그렇더라도 단 며칠 차이라도 배려했어야 한다. 게다가 나와 본부장 다섯은 모두 이사회에 상임이사 자격으로 참여하기로 되어 있었다.

원장으로 일한 지 1년쯤 된 때였던 것 같다. 본부들의 실적을 평가해 그중 두 본부에 표창장을 주기로 했다. 임원회의가 시작될 때 심사 결과가 발표되면, 내가 두 본부장에게 상장을 수여하면 된다고 보고받았다. 그런데 막상 상을 주려는데 본부장이 아니라 두 본부의 처장들이 나와 상을 받았다. 영문을 모르는 나는 "에이, 본부장님들. 왜 이리 수줍어하세요? 그동안 수고하셨다고 제가 상을 드리는 건데 나와서 받으세요"라며 재차 초대했건만 두 본부장은 손사래만 칠 뿐 끝내 나오지 않았다.

회의를 마치고 원장실로 돌아왔는데 총무처 직원이 황급히 따라 들어오더니 "원장님, 죽을죄를 졌습니다"라며 용서부터 빌었다. 자초지종을 들어보니 정말 황당했다. 그날 아침 회의에 앞서 그 직원은 행사 진행에 관해 설명하려 상을 받을 본부장들을 찾아뵈었단다. 마침 두 분이 함께 있어서 설명했더니 뜻밖에도 다음과 같은 대답이 돌아왔다는 것이다. "그거 뭐 같은 임원끼리 상 주고 상 받나? 처장들더러 받으라고 해." 그 직원은 내가 모든 걸 알면서 일부러 본부장들에게 그런 말을 한 줄 알았단다. 그렇지 않아도 타고난 카리스마도 없는 사람이 일말의 행정 경험도 없이 시작한 일인데 경영진도 제대로 통솔할 수 없는 상황이 된 셈이다.

모든 카드를 펼쳐놓고

위원장과 원장이 엄연히 다르긴 해도 대하는 태도는 같아야 한다고 생각했다. 그래서 나는 국립생태원 원장을 맡으며 스스로 몇 가지를 다짐했다. 모든 일을 가능한 한 모두에게 투명하게 드러내놓고 하겠다고. 우리 정부는 너무나 자주 모든 일을 철저하게 관이 주도하며 이른바 전문가라는 사람 몇을 구색 맞춰 불러 놓고 정책을 만들어 곧바로 실행에 옮기려 한다. 그러면 거의 어김없이 지역 주민들의 반대에 부딪힌다. 그 반대가 지역 정서 전반을 대변하는지 아닌지는 결코 중요하지 않다. 중요한 것은 정부는 그로부터 상당 기간 한 발짝도 앞으로 나아가지 못한다는 것이다.

우리 사회에 떠돌아다니는 말로 내가 가장 절묘하다고 생각하는 것이 바로 "정부는 정책을 만들고 국민은 대책을 만든다"이다. 인터넷 시대라 더 그런지 정부가 정책을 발표하고 그저 몇 시간이면 충분하다. 그 정책이 처참하게 너덜너덜해지고 그걸 발표한 기관이 초토화되는 데에는 그리 긴 시간이 걸리지 않는다.

외부 인사나 집단과 거래할 때에는 당연히 '숨겨둔 전략(hidden card)'을 가지고 있어야 하지만 함께 일하는 사람들끼리 감출 이유가 있을까 싶다. 모든 카드를 테이블 위에 펼쳐놓고 일하리라 다짐했다. 흔히들 이렇게 일하면 죽도 밥도 안 된다고 하지만 사심 없이 일하면 가능하다.

거듭 강조하지만 내게는 사심이 있을 리 없었다. 감투를 탐해서 시작한 일도 아니었고 생태원장을 바탕으로 더 높은 자리를 탐한 건 더더욱 아니었다. 나는 그저 내게 주어진 임무만 충실히 완수하고 내 본연의 자리인 대학으로 돌아가면 되었다. 만일 도저히 내 뜻을 이루지 못할 것으로 판단되면 언제든 깨끗이 접고 대학교수로 회귀하면 되었다.

3

얼떨결에
성공한 CEO

학자에서 경영자로

국립생태원 원장으로 선임됐다는 통보를 받고도 정작 임명장을 받기까지 거의 한 달 정도 시간이 있었다. 당시 김선욱 이화여대 총장님에게 3년 동안 휴직하고 국가의 부름을 받들어야겠다는 뜻을 밝혔는데 도대체 석좌교수가 어딜 가려 하느냐며 쉽사리 놓아주지 않으셨다. 당신도 법제처장으로 국가에 봉사하느라 학교를 비운 적이 있으시지만 나는 명색이 석좌교수가 아니냐는 말씀이셨다. 환경부에서는 빨리 발표해야 한다고 보챘지만 나는 만일 총장님의 허가가 내려오지 않은 상황에서 일방적으로 발표하면 당장 사표를 내겠다며 단호하게 맞섰다. 그러면서 거의 한 달이 흘렀다.

기다리는 동안 나는 장안의 경영 고수들과 나보다 먼저 정부 직책을 수행하신 선배 교수님들을 찾아가 진지하게 배움을 청했다. 내가 제일 먼저 자문을 요청한 분은 다름 아닌 아버지였다. 아버지는 육군본부에서 일하던 시절 고 박태준 회장의 부름을 받고 포항제철 설립 초기에 인사 업무를 총괄하며 직원을 수천 명 뽑아 배치하는 일을 하셨다. 아버지는 내게 조직의 명운 역시 사람에게 달려 있다며 채용의 중요성을 강조하셨다. 한스컨설팅 한근태 대표의 저서 《채용이 전부다》와 더불어 내게 귀한 가르침이 되었다. 나중에 포항제철 연수원장과 부소장을 지내신 아버지는 내게 또한 안전에 대해 여러 차례 강조하셨다. 그래서 나는 생태원장으로 부임하자마자 군수님 다음으로 우선 서천소방서장님을 찾아뵙고 생태원 시설 안전에 관한 도움을 청했다. 그리고 임기 내내 안전 교육만큼은 절대로 형식적으로 흐르지 않도록 꼼꼼히 챙겼다. 전시 공간인 에코리움 내부에 비상구 방향 표지판을 설치할 때는 비상 상황을 설정하고 직원들과 함께 뛰어다니면서 가장 적절한 자리를 선정하기도 했다.

경험에서 우러난 진심 어린 충고와 전문적인 조언은 난생처음 경영자로서 살아갈 내게 확실한 지침이 되었다. 나는 그들의 말씀을 가슴 깊이 새겨들었다. 정부 기관의 장으로 일하려면 적어도 대차대조표 정도는 볼 줄 알아야 예산이 어디로 새어나가는지 살필 수 있다는 몇 분의 말씀에 단숨에 책방으로 달려가 정부

회계에 관한 책을 세 권이나 사서 참으로 열심히 공부했다. 돈에는 신기할 정도로 관심 없이 살아온 내가 회계학 책까지 읽다니 이 나이에 무슨 짓인가 싶기도 했다.

임명장 수여식이 끝난 다음 함께 차를 마시는 시간에 환경부 장관이 내게 국립생태원이 1년에 관람객을 적어도 30만 명은 유치해야 지역 주민들에게 면목이 설 것이라고 했다. 나는 참지 못하고 곧바로 반박했다. 서울에서 무슨 재주를 부려도 3시간 반이나 걸려야 갈 수 있는 곳에 어떻게 그렇게 많은 관람객을 불러들일 수 있겠느냐고. 아무리 생각해도 불가능한 일이라며 거의 투정을 부렸다. 국립생태원이 대안사업으로 만들어진 기관이라는 얘기는 귀에 못이 박히도록 들어 알았지만 막상 구체적인 목표치를 받으니 막막했다.

장관님의 당부에도 정신을 차리지 못한 나는 그 후에도 한동안 기회만 있으면 세계적인 생태학 연구소를 만드는 게 초대 원장으로서 내 임무라고 떠들어댔다. 어떤 면으로는 다들 주변에서 지역경제에 보탬이 되라고 만든 기관임을 하도 강조하기 때문에 어깃장을 지르겠다는 속셈으로 내가 더 연구의 중요성을 강조했는지도 모른다. 그런 나를 지켜보는 지역 어르신들은 한마디로 딱하다는 표정을 감추지 못했다. 비서가 막아도 별 소용이 없었다. 마을 이장님이나 지역 유지들은 수시로 원장실로 들이닥쳐

막무가내로 당신들의 주문을 쏟아냈다. "우리가 생태원에 땅을 쳤는데 생태원은 우리에게 뭘 줄 거냐?" "입장료의 절반을 지역에 내놓아라." "딱히 쓰임새도 많지 않아 보이는 방문자센터 건물을 비워주면 그곳에서 토산품이라도 팔고 싶다."

마을 유지이자 꽤 힘 있는 군의원 한 분은 어느 날 원장실로 쳐들어와 내게 치사하게 자리에 연연하지 말고 원장직을 걸고 확실하게 일하라고 호통을 쳤다. 그러지 못할 거면 당장 사표를 쓰라기에 "저 그렇지 않아도 오고 싶지 않았어요. 저 좀 보내주세요. 오늘이라도 당장 집에 가고 싶어요"라고 답했더니 당황하는 빛이 역력했다.

결국 문제는 돈이라는 걸 깨닫는 데에는 그리 긴 시간이 걸리지 않았다. 국립생태원은 연구, 교육, 전시 세 마리 토끼를 쫓는 기관이다. 나의 신념은 확고했다. 연구가 뒷받침해주지 못하는 교육과 전시는 모래 위에 쌓은 성과 같다는 걸 그간의 삶에서 잘 알고 있었다. 스스로 연구 기반을 확립하지 않은 채 남의 것을 가져다 전시하고 교육해본들 영원히 학예회 수준을 벗어날 수 없다.

연구와 전시 사이에서 줄타기

2016년에 펴낸 책 《거품예찬》에 나는 '넘쳐야 흐른다'라는 부제를 달았다. 연구의 탁월함이 넘쳐흘러야 깊이 있는 교육도 할 수 있고 풍성한 볼거리도 제공할 수 있다. 하지만 불은 이미 내 발등에 떨어진 지 오래라는 걸 나는 분명히 느꼈다. 국립생태원이 빠른 시일 안에 지역경제에 괄목할 만한 기여를 하지 못하면 살아남기 어려울 것임을 분명히 깨달았다. 지역경제에 보탬이 되려면 어떤 일이 벌어져야 하나? 답은 너무도 명확했다. 더 많은 관람객이 국립생태원을 찾고, 그분들이 지역에서 식사도 하고 해산물 등 지역 토산물도 구입해야 한다. 더 많은 관람객을 유치하려면 어떻게 해야 하나? 그 답 또한 너무나 명확했다. 흥미로운 볼거리를 끊임없이 제공하는 것밖에는 다른 방법이 없다.

그래서 나는 겉으로는 '연구, 연구' 하면서 속으로는 전시에 내 모든 에너지를 쏟아 붓기로 결심했다. 생태원 연구원들이 이 소리를 들으면 무척 실망하겠지만 당시로서는 어쩔 수 없는 선택이었다. 그렇다고 내가 연구 기획을 등한시한 것은 결코 아니다. 다만 원래 내가 생각했던 만큼 헌신하지는 못했음을 고백한다.

다행히 나는 2006년 이화여대로 부임하며 줄곧 학교 자연사박물관에서 매년 전시를 기획해본 경험이 있었다. 돌이켜 생각해봐도 나는 생태원에서 보낸 시간의 가장 많은 부분을 단연 전시 본부 직원들과 함께했던 것 같다. 만일 원장도 부서에 소속되어야 하는 시스템이었다면 누가 뭐래도 나는 전시 본부 사람이었다.

우리는 쉬지 않고 흥미로운 아이템을 개발해 새로운 전시를 선보였다. 계절마다 특화된 전시 프로그램을 개발해 선보였다. 봄에는 '알면 사랑한다, 우리 들꽃 이야기'라는 제목의 야생화 전시, 여름에는 '하하하(夏夏夏)' 생태 체험 전시, 가을에는 '어느 가을날에' 그리고 겨울에는 '겨울 방학 생동생동(生動生冬)'이라는 극지 생활 체험 프로그램을 운영했다. 그 밖에도 '독화살개구리전', '우리 독도 이야기', 다양한 습지 생물을 만날 수 있는 '습지 소생물권 전시', '장욱진 화백 탄생 100주년 기념전' 등 특색 있는 특별전을 끊임없이 선보였다.

그중에서도 가장 심혈을 기울여 준비한 전시를 꼽으라면 '세계 난 전시회: 난 속을 거닐다'와 '개미세계탐험전'이라고 답할 것이다. '세계 난 전시회'는 우리 주변에서 흔히 보는 것처럼 꽃이 핀 난들을 화분에 담아 테이블 위에 나열하는 방식이 아니라 에코리움 열대관 안에서 자라는 열대식물들에 실제로 붙어서 자라는 모습 그대로 전시했다. 겨울이면 딱히 갈 곳이 마땅치 않은데, 후텁지근한 열대 정글 속에서 무려 500종의 진기한 난을 감상하는 대규모 전시를 준비했다. 겨울만 되면 사람들이 국립생태원으로 난꽃을 보러 오는 게 우리 사회의 풍습으로 자리 잡기를 바라면서.

'잎꾼개미'와 개미세계탐험전

'개미세계탐험전'은 내 입으로 말하기 조금 민망하지만 말 그

개미 연구를 하던 내가 회계학 책까지
읽게 되었다. 전시 성공을 위해서 개미
더듬이 머리띠와 개미 탈을 쓴 내 모습

대로 세계 최대와 세계 유일의 전시다. 중남미 열대림에서 나뭇잎을 잘라 입에 물고 돌아와 잘게 썰어 퇴비를 만든 다음 그걸 거름 삼아 버섯을 길러 먹는 잎꾼개미 전시는 그 규모가 단연 세계 최대라고 자부한다. 우리가 산에서 나무를 해오는 사람을 나무꾼이라 부르는데 이들은 이파리를 해오기 때문에 '잎꾼'이라고 이름 붙였다.

세상에는 농사를 지을 줄 아는 동물이 딱 셋이다. 개미, 흰개미 그리고 우리 인간. 도심을 빠져나가기만 하면 논밭이 보이니까 인간은 존재의 역사 내내 농사를 짓고 살았을 것으로 생각하는 사람들이 제법 많을 줄 안다. 하지만 천만의 말씀이다. 우리 인간이 농사를 지어온 기간은 그저 1만 년 남짓에 지나지 않는다. 현생인류, 즉 호모 사피엔스(*Homo sapiens*)가 지구에서 살아온 기간이 적어도 20만 년은 되는 걸로 알려져 있는데, 그중 1만 년이면 전체의 5%에 불과한 시간이다. 그러니까 우리 인간은 존재의 역사 중 95% 이상은 주워먹고 잡아먹는 수렵채집 생활을 했고, 최근 5% 동안 겨우 길러먹으며 살았다. 객관적으로 볼 때 인간은 최근에 농경을 개발해 시도해보고 있는 신참 농군일 뿐이다.

이에 비하면 잎꾼개미의 농경 역사는 상상을 초월한다. 그들이 기르는 버섯의 DNA를 추출해 염기(base)가 변하는 속도를 측정한 다음 역산해보면 개미 농장에서 얼마나 오랫동안 길러졌는지 가늠해볼 수 있다. DNA 검사 결과에 따르면 잎꾼개미는 장장 6,500만 년 동안이나 농사를 지어왔단다.

지금으로부터 6,500만 년 전 지구에서는 무슨 일이 벌어졌을까? 거대한 운석이 카리브해에 떨어져 엄청난 먼지가 일고 그로써 태양이 가려져 식물이 대거 사라지는 바람에 거대한 초식공룡들이 멸종하고 육식공룡도 뒤를 이은 그 무렵부터 잎꾼개미들은 농사를 짓기 시작했다. 그들이 바로 지구생태계에서 농경을 처음으로 개발한 동물이다.

야심차게 개미 전시를 준비하면서도 나는 사실 우리나라 사람들이 왜 이토록 개미에 열광하는지 늘 고개를 갸우뚱거렸다. 도시인들에게 가장 친숙한 야생동물이 누구일까? 서울에 살면서 매일 길에서 멧돼지를 만나는 사람이 몇이나 있을까? 하지만 우리 모두 매일 개미를 만나며 산다. 관심을 가지고 들여다보지 않아서 모를 뿐 사실 아침에 등교하거나 출근할 때 개미들과 함께 길을 걷는다. 하굣길이나 퇴근길에도 언제나 개미는 우리와 함께한다. 아예 우리 집에 들어와 사는 개미도 있다. 집개미 중에서 특별히 작은 애집개미(Pharaoh's ants)는 세계 거의 모든 나라의 아파트를 석권했다. 이처럼 흔하디흔한 개미를 내가 잡아서 전시한다는데 왜 보러 오는지 솔직히 잘 이해가 되지 않는다.

나는 이화여대 자연사박물관에서 한 번 그리고 임진각 평화

누리 경기평화센터에서 또 한 번 개미특별전을 기획해 운영해본 경험이 있다. 이화여대 자연사박물관에서는 1년이 채 안 되게 전시하는 동안 무려 7만 명이 넘는 관람객이 다녀갔다. 이화여대는 기독교학교라서 안식일인 일요일에는 박물관을 열 수 없는 걸 감안하면 상당한 인파가 몰려온 셈이다.

파주 임진각 전시관에는 2010년 6월부터 6개월 동안 무려 8만 명 이상이 방문했다. 북한과 불편한 일이 발생할 때마다 임진각에는 그야말로 개미 새끼 한 마리 얼씬거리지 않았던 걸 감안하면 이 또한 대단한 성과였다. 개미와 배달민족 사이에는 뭔가 끈끈한 인연이 있는 게 분명해 보인다.

개미에 관한 강연을 할 때마다 나는 종종 베르베르(Bernard Werber)의 소설《개미(Fourmis)》를 읽어보았느냐고 묻는다. 어느 강연이든, 얼마나 작은 강연이든 상관없이 반드시 몇 사람은 손을 든다. 그는 지금 무라카미 하루키와 더불어 우리나라 사람들이 매우 좋아하는 외국 작가가 되었다.

그의《개미》가 영문으로 번역된 1999년 나는《개미 제국의 발견》이라는 책을 썼다. 내 책은 2012년 미국 존스홉킨스대학교 출판부에서 'Secret Lives of Ants(개미들의 은밀한 삶)'라는 제목으로 발간되었는데 지난 5년 동안의 판매부수가 지난 18년간 베르베르의 《개미》 영문판의 판매부수를 웃돈다. 미국과 영국에 있는 내 동료 개미학자들 가운데 베르베르의 책을 읽어본 사람은 여태껏 한 명도 찾지 못했다. 하지만 《개미》는 정작 베르베르의 고국인 프랑스보다 대한민국에서 더 많이 팔렸다고 한다. 도대체 배달민족은 개미에 왜 이렇게 관심이 많을까?

그래서 나는 다시 한번 개미로 승부를 보기로 했다. 지난 두 번의 개미 전시는 국내 개미로만 꾸몄지만 국립생태원에서 여는 개미전에는 흥미로운 열대 개미들을 소개하고 싶었다. 잎꾼개미를 비롯해 군대개미, 수확개미, 꿀단지개미, 베짜기개미 등이 도입 대상으로 떠올랐다. 여러 차례 토론과 숙고 끝에 잎꾼개미(leafcutter ants)와 푸른베짜기개미(green weaver ants)로 압축했다. 그래서 곧바로 해외에서 이 개미들을 채집해 공급할 수 있는 중개인을 물색하는 한편, 국립농림축산검역본부에 도입 허가를 신청했다. 하지만 한마디로 턱도 없다는 대답이 돌아왔다. 그렇다고 물러설 우리가 아니었다.

그 당시만 해도 아직 안양에 있던 농축산검역본부를 직접 찾아갔다. 큰 길을 가운데 두고 한쪽에는 동물검역본부, 맞은편에는 식물검역본부가 있었다. 일단 본부장님을 알현하러 동물검역본부 경내로 들어섰다. 늦을까봐 서둘렀더니 너무 일찍 도착했다. 마침 검역본부 경내에는 키는 그리 크지 않아도 수령이 상당해 보이는 나무들이 즐비했다. 그 그늘에서 잠시 쉬기로 하고 앉아 있으려니 주변에 엄청나게 많은 왕개미가 분주하게 지나다니는 게 보였다.

이 개미는 얼마 전까지 '일본왕개미(*Camponotus japonicus*)'라고 불렸는데 탁월한 젊은 개미학자 장용준의 최근 고려대 석사논문 덕택에 이제는 '일본'을 빼고 그냥 '왕개미'로 부를 수 있게 됐다. 문헌 조사로 '왕개미'가 '일본왕개미'보다 선행 자격을 갖고 있다는 사실을 밝혀낸 것이다. 우리나라에서 가장 흔하게 눈에 띄는 개미인데 번번이 '일본왕개미'라고 부르기가 찜찜했는데 정말 반가운 연구 결과다. 간단한 실험 몇 가지로 나는 동물검역본부 앞뜰에 왕개미 거대군락이 있다는 사실을 발견했다. 지금까지 국내에서 내가 본 개미 군락으로 최대 규모였다.

검역본부장님에게 열대 개미들을 도입하겠다는 우리 계획을 말씀드리자 잘 알았다며 길 건너 식물검역본부로 건너가 담당자에게 상세히 설명하라고 당부하셨다. 배웅하러 건물 정문까지 내려온 본부장님에게 경내에 엄청난 개미 군락이 있는데 보여드리겠다고 했더니 선뜻 따라오셨다. 그래서 나는 운 좋게 그분들에게 개미가 얼마나 흥미롭고 신기한 동물인지 알려줄 수 있었다. 길을 건너며 나는 개미 도입 허가를 왜 동물검역본부가 아니라 식물검역본부에서 받아야 하는지 의아해했다. 알고 보니 개미뿐 아니라 모든 곤충은 다 식물검역본부 소관이란다. 곤충이 식물에 해를 끼칠 수 있기 때문에 그렇단다.

우리나라 농림축산검역본부는 일단 이 세상 모든 곤충을 해충이라고 간주하고 혐의를 벗길 수 있는 증거 자료를 제시해야만 도입 허가를 내준다. '유죄가 입증될 때까지 무죄'인 인간과는 정반대 취급을 받는 것이다. 유죄를 입증하는 것보다 무죄를, 그것도 털끝만치의 의심도 없는 무죄를 입증하는 것은 불가능하거나 엄청나게 어려운 일이다.

개미는 대체로 익충이지만 어떤 상황에서도 절대로 우리나라 식물에 해가 되지 않는다고 입증하라는 말은 곧 포기하라는 말과 같았다. 식물검역본부에 들어서자마자 나는 "평생 곤충을 연구했는데 곤충이 식물인지는 오늘 처음 알았네"라는 말을 필두로 하여 읍소와 협박 사이를 오가며 끈질긴 설득에 나섰다. 우리의 설득 노력은 결국 8개월이란 긴 세월 동안 이어졌다. 끝내 허락을 받아낸 우리 직원들을 부둥켜안고 겅중겅중 뛰던 기억이 새롭다.

오스트레일리아에서 푸른베짜기개미를

요즘은 우리나라 사람들도 북미와 유럽을 여행하며 유명한 자연사박물관들을 방문한다. 세계 유수의 자연사박물관이나 과학관에 가면 잎꾼개미 전시를 쉽게 만날 수 있다. 인기몰이 상품으로 최고이기 때문이다. 나도 몇 곳을 벤치마킹 차원에서 들렀는데 규모는 모두 실망스러울 정도로 작았다. 그저 양팔 간격 남짓한 공간의 한쪽 끝에서 나뭇잎을 잘라 기껏해야 2~3m 거리를 달려 버섯농장에 이르도록 만들어놓았다. 그래도 보는 사람 모두 너무나 신기한 나머지 자기도 모르게 탄성을 지른다.

그 작은 곤충이 뭘 안다고 열심히 나뭇잎을 잘라 때로 자기 몸보다도 더 큰 이파리를 물고 농장으로 달려오는지. 그 모습을 보고도 신기해하지 않는 사람은 정말 제정신이 아닐지도 모른다. 사람이라면 잎꾼개미의 농경 행동을 보고 신기해하지 않을 수 없다. 적어도 나는 그런 사람을 단 한 명도 본 적이 없다. 국립생태원의 잎꾼개미는 남미 베네수엘라 바로 위에 있는 섬나라 트리니다드토바고에서 채집해 비행기에 태워 영국으로 모셨다가 안정화한 다음 다시 비행기로 대한민국 충남 서천에 안착했다.

나는 한 학급이 몰려와 서로 보겠다고 밀치는 모습을 연출하기 싫었다. 그래서 욕심을 부렸다. 그 결과 국립생태원의 잎꾼개미들은 이파리를 물고 장장 10m를 달려야 농장에 다다를 수 있다. 일단 규모로는 세계 최대가 분명하다. 달리는 길도 4층으로 되어 있어 모두 네 군락이 제가끔 농장을 경영한다. 그야말로 장관이 따로 없다.

개미 군락들이 안정된 상태로 손님을 맞을 무렵 우리는 오스트레일리아 북부에서 푸른베짜기개미 군락을 채집해 역시 영국을 거쳐 국립생태원으로 모셔왔다. 베짜기개미는 땅속에 굴을 파고 사는 대다수의 개미와 달리 높은 나무 위에서 산다. 오죽하면 개미허리라 부를까 싶은 그 가는 허리를 뒤에서 다른 일개미가 물고, 그놈의 허리를 또 다른 일개미가 무는 방식의 몸 사슬이 여럿 만들어지면 나뭇잎 두 장이 서서히 가까워진다. 개미 사슬 여러 줄이 이파리를 물고 일사불란하게 끌어당기는 모습은 정말 볼 만하다.

두 나뭇잎을 가까이 끌어당긴 다음 애벌레를 데려와 입에 물고 그가 고치를 틀기 위해 분비하는 생사(silk)를 이용해 이파리들을 한데 엮어 방을 만든다. 이때 일개미 입에 물려 양 이파리 사이를 왔다 갔다 하는 애벌레가 마치 베틀에 북이 왔다 갔다 하는 모습을 닮았다 하여 베짜기개미라는 이름이 붙었다. 개미는 워낙 협업을 잘하는 동물로 유명하지만 베짜기개미의 협업은 단연 압권이다. 잎꾼개미가 개미 나라의 스타라면 푸른베짜기개미는 단연 제일 잘나가는 표지 모델이다. 개미 책을 쓰는 사람마다 표지에 이들을 모신다. 영롱한 초록색 배마디와 늘씬하게 뻗은 고혹적인 몸매에 반해 나 역시 내 개미 책 영문판《Secret Lives of

Ants》겉장에 이들을 담았다.

푸른베짜기개미 군락을 들고 오스트레일리아 세관을 통과할 때 뜻밖의 얘기를 들었다. 베짜기개미는 내가 하버드대학교에서 박사과정을 밟던 시절부터 에드워드 윌슨(Edward Wilson) 교수와 베르트 횔도블러(Bert Hölldobler) 교수를 비롯해 세계의 많은 개미학자가 연구하고 있어 여기저기 다 가지고 있는 줄 알았다. 그러나 오스트레일리아 정부는 그동안 연구 목적으로는 여러 차례 반출 허가를 내줬지만 전시용으로는 우리가 처음이라고 말하는 것이었다. 우리는 곧바로 인터넷 검색을 해봤다. 사실이었다.

지금 이 순간 푸른베짜기개미를 전시하는 곳은 대한민국 충남 서천의 국립생태원뿐이다. 그런데 세계 유일의 전시라는 명성은 조만간 무너질지도 모른다. 얼마 전 인터넷에 라트비아의 리가동물원(Riga Zoo)에서 베짜기개미 전시를 시작한다는 소식이 올라왔다.

하지만 국립생태원에는 지금 제법 큰 방에 나무 여러 그루가 심어져 있고 푸른베짜기개미들이 활발하게 방을 만들고 있다. 특히 나무를 일부러 유리창 쪽으로 기울여 푸른베짜기개미들이 이파리를 유리에 붙여 방을 만들게 하는 데 성공했다. 국립생태원을 찾는 관람객들은 개미방 내부를 들여다볼 수 있다. 세상에서 제일 아름다운 개미들의 은밀한 방 안 풍경을 엿볼 수 있는 것이다.

JAE CHOE

Secret Lives of

Ants

foreword by JANE GOODALL
photographs by DAN PERLMAN

내 미국판 책의 표지를 장식한
푸른베짜기개미

개미계의 슈퍼스타, 잎꾼개미

국립생태원의 잎꾼개미들은
이파리를 물고 장장 10m를 달려
농장에 다다른다. 누가 보더라도
탄성이 터져나온다.

'생태학자의 길'을 열다

이런 끊임없는 전시 기획과 더불어 관람객을 불러모을 수 있는 모든 수단을 강구하려 노력했다. 기획재정부에서 파견 나와 국립생태원 건립추진단에서 일하다 생태원이 문을 연 뒤에도 한동안 머물렀던 직원의 제안으로 독일 하이델베르크와 일본 교토에 있는 '철학자의 길'을 벤치마킹해 '생태학자의 길'을 만들기로 했다. 본부 건물과 연구동들을 감싸고 있는 나지막한 양쪽 야산의 곰솔 숲속으로 오솔길을 내어 '제인 구달의 길'과 '찰스 다윈의 길'을 만들기로 했다. 2014년 11월 23일에는 제인 구달 박사를 모시고 봉헌 행사를 진행했다. 길이 1km 남짓의 숲길을 걷노라면 구달 박사의 연구 업적과 사회 공헌 흔적을 잔잔하게 만날 수 있다.

2015년에는 맞은편 산속에 1.6km에 달하는 '찰스 다윈의 길'을 만들었다. 그런데 준비하는 과정에서 풀기 힘든 문제가 하나 생겼다. 구달길 봉헌식에는 구달 박사 본인이 직접 참석해 뜻깊은 행사가 됐지만, 아무리 생각해도 돌아가신 지 이미 100년도 훌쩍 넘은 다윈 선생을 모실 방법을 찾을 길이 없었다. 그러던 내게 묘안이 떠올랐다. 현재 집필 중인 책《다윈의 사도들》에서 내가 다윈이 살아 돌아오면 가장 먼저 만나고 싶어 할 학자로 지목

한 프린스턴대학교의 그랜트 교수 부부를 모시기로 한 것이다. 로즈메리와 피터 그랜트 교수는 벌써 40년 넘게 갈라파고스 현지에서 다윈이 관찰하고 채집했던 핀치새를 연구해온 우리 시대 최고의 진화생물학자들이다.

게다가 피터 그랜트 교수는 다윈의 고향인 영국 잉글랜드 지역의 슈루즈베리(Shrewsbury)에서 한 시간도 채 떨어지지 않은 곳에서 태어났고 언뜻 다윈을 참 많이 닮았다. 두 대가와 함께 걸으며 되새기는 다윈의 삶과 업적이 남다를 것 같았다.

나는 곧바로 피터 그랜트 교수에게 이메일을 보내 다윈길 명명식에 오셔서 '다윈 아바타'가 돼주십사 부탁했다. 그 대신 다윈길 중간쯤에 자연스레 길이 둘로 갈리는데 그중 한쪽 길을 '그랜트길'로 명명하고 싶다고 말씀드렸다. 두 분 모두 고령인데도 흔쾌히 먼 길을 달려오셨다. 그 덕분에 우리는 다윈의 《종의 기원》 출간 156주년이 되던 2015년 11월 24일 '다윈-그랜트의 길'을 열수 있었다.

아쉬움으로 남은 세 번째 길

반듯한 숲길이 더는 남아 있지 않은 상황에서 세 번째 '생태학자의 길'은 용화실 못 주변 산책길에 만들기로 했다. 처음에는 《침묵의 봄(Silent Spring)》의 저자이자 세계적 환경운동가 '레이

철 카슨의 길'을 만들 계획이었다. 1907년 5월 27일에 태어나 여덟 살 때부터 글을 쓰기 시작한 카슨(Rachel Carson)은《우리를 둘러싼 바다》등 바다 생물 관련 3부작을 발표하며 40대 중반에 이미 주목받는 작가 반열에 올랐다.

그러던 어느 날 그는 친구가 보내준 1958년 1월 12일자 〈보스턴 헤럴드〉 기사를 읽고, 무분별한 살충제 살포가 생물다양성을 해쳐 결국 우리 인간의 삶도 파괴할 것이라는 내용의 책을 쓰기로 결심한다. 병마에 시달리며 1962년에 출간한《침묵의 봄》은 이른바 '맨해튼 프로젝트'로 촉발된 과학기술 만능주의에 경종을 울리며 그가 사망한 1964년까지 불과 2년 동안에 무려 100만 부가 팔려나갔다. 카슨은 책의 마지막 장을 다음과 같이 시작한다.

"우리는 지금 길이 둘로 나뉘는 길목에 서 있다. 그러나 프로스트(Robert Frost)의 시에 나오는 두 갈래 길과 달리 어떤 길을 선택하든 비슷한 결과가 나오는 것은 아니다."

이 책의 영향으로 미국에서는 1969년 '국가환경정책법'이 제정됐고, 이듬해에는 환경보호국(EPA)이 신설됐다. 1970년 4월 22일에 제정된 '지구의 날'과 1992년 '리우 선언'도 모두 이 책 덕택이다. 그래서 역사학자들은《침묵의 봄》을 그보다 100여 년 전인 1852년에 출간되어 남북전쟁과 노예제도 폐지를 불러온 스토(Harriet Beecher Stowe)의《톰 아저씨의 오두막집(Uncle Tom's

위)
침팬지 행동 연구에서 세계 최고
권위자인 제인 구달

아래)
진화생물학자 그랜트 부부가
다윈길을 빛나게 해주었다.

Cabin)》에 비견한다.

용화실 못을 둘러 '카슨의 길'을 만들면 사람들이 찾아와 그 길을 걸으며 그의 덕에 걷지 않게 된 '가지 않은 길'을 생각해볼 수 있을 것 같았다. 50여 년 전 그가 만일《침묵의 봄》을 쓰지 않았다면 어쩌면 지금쯤 우리는 화창한 봄은 돌아왔건만 새 한 마리 지저귀지 않는 세상에서 살고 있을지도 모른다.

그러던 중 2017년 7월 12일이 소로(Henry David Thoreau)가 탄생한 지 200년이 되는 날이라는 걸 알아낸 우리는 '카슨의 길' 대신 '소로의 길'을 먼저 만들기로 했다. 평생 자기도취에 빠져 비현실적인 금욕주의나 설파한 오만한 학자라는 비판도 있지만, 200년이 흐른 오늘에도 그의 가르침은 구구절절 유효하다. 그가 하버드대학교를 졸업하고 사회에 첫발을 내디딘 1837년 미국은 독립한 지 70년밖에 되지 않은 신흥국가로서 때마침 대공황의 늪에 빠져 허덕이고 있었다. 빼앗겼던 나라를 되찾은 지 역시 70년 남짓 된 지금 이 땅의 젊음이 맞닥뜨린 시련과 묘하게 겹친다. 소로는 1845년 7월 4일 월든 숲으로 들어가 고독한 자립을 실험한다. 그것은 결코 현실 도피가 아니라 삶에 대한 정면 도전이었다. 2년 2개월하고도 이틀에 걸친 야생의 삶에서 소로가 깨달은 교훈은 "삶에서 필요를 줄이면 그만큼 자유의 공간이 늘어난다"라는 것이다.

미국에 살던 시절 틈만 나면 월든 호수를 찾았던 나는 알게 모르게 그의 철학을 체득한 것 같다. 생태학을 이론뿐 아니라 삶 속에 녹여내는 길을 찾았다. 나는 나를 위해서는 거의 돈을 쓰지 않는다. 아내가 강권해 사주기 전에는 스스로 옷을 사본 기억이 거의 없다. 아무리 멋진 전자기기가 새로 출시돼도 그걸 사기 위해 줄을 서본 적은 더더욱 없다. 미국 유학 초창기에 잠시 독일 차 BMW 2002를 흠모했던 이래 여느 사내들처럼 차에 대한 로망도 일절 없다.

일상에 대한 욕심을 버리면 영혼이 자유로워진다. 자본주의의 고질인 과소비를 덜어내고 단순한 삶을 살면 기후 변화와 생물다양성 고갈에서 자유로워질 수 있다. 그의 책《월든 (Walden)》에는 절제된 삶을 실천하며 관찰한 자연의 섭리가 고스란히 담겨 있다. 소로는 생태학을 실천에 옮긴 귀한 학자다. 그러나 나는 이 기획을 구체화하지 못한 상황에서 국립생태원장 임기를 마치고 떠났는데, 그의 탄생 200주년을 맞았어도 끝내 그의 길은 만들어지지 않았다. 탄생 200주년이 되는 날에 명명식을 하면 홍보 효과도 상당해 관람객 유치에 큰 도움이 됐을 텐데 무척 아쉬웠다. 조만간 이 사업이 재개되기를 바랄 뿐이다.

개장 첫해 관람객 100만 명 돌파

전시기관으로 장수하려면 무엇보다 이른바 '재방문율'에 각별히 신경 써야 한다. 특정한 서비스를 경험한 소비자가 그 서비스를 다시 찾는 경우가 얼마나 되는지를 비율로 나타낸 지표가 재방문율인데, 우리나라의 많은 지방자치단체가 여기저기 만들어놓은 전시시설들이 거의 대부분 바로 이 문제를 해결하지 못해 애물단지로 전락했다.

한류 열풍에 힘입어 2014년 반짝 한국을 찾은 관광객 수가 일본을 찾은 관광객 수를 앞선 적이 있지만 2015년부터 다시 역전되어 오늘에 이른다. 일본 관광청에 따르면 2017년 4~6월 일본을 찾은 외국인 관광객 중 일본을 방문한 횟수가 두 차례 이상인 이들의 비율이 무려 62%란다.

'생태학자의 길'은 매년 탄생 기념일이나 출간 기념일마다 큰 숫자는 아니더라도 꾸준히 찾는 이들이 있을 관광상품이다. 재방문율을 겨냥한 관광상품이란 말이다. '다윈-그랜트의 길' 입구에 있는 황무지 같은 언덕에 조성한 찔레동산도 해마다 늦은 봄에서 이른 여름이면 눈이 모자라게 핀 하얀 찔레꽃을 보기 위해 전국에서 사람들이 서천으로 몰려올 것이다.

찔레동산 한쪽에는 우리 시대 최고의 소리꾼 장사익 선생의 〈찔레꽃〉 노래 시비를 만들어 세웠다. 해마다 찔레꽃이 만발하면 장사익 선생이 오셔서 그 구성진 목소리로 〈찔레꽃〉을 불러주시기로 했다. 이 또한 관광객을 꾸준히 불러모을 수 있는 좋은 아이

찔레꽃 언덕에서 듣는 장사익
선생의 노래 〈찔레꽃〉. 무슨 말이
더 필요할까? "찔레꽃 향기는 너무
슬퍼요. 그래서 울었지. 목 놓아
울었지."

템이라고 생각한다. "산허리는 온통 메밀밭이어서 피기 시작한 꽃이 소금을 뿌린 듯이 흐뭇한 달빛에 숨이 막힐 지경"이라는 이효석의《메밀꽃 필 무렵》의 장면처럼 언젠가 국립생태원도 야간 개장을 시작하면 달빛에 젖으며 은은한 찔레 향기에 취할 수 있을 것이다.

원장인 나는 말할 나위도 없지만 500명 전 직원이 그야말로 똘똘 뭉쳐 열심히 일했더니 기적이 일어났다. 개장 첫해인 2014년 한 해 동안 관람객 수가 100만 명을 넘어섰다. 12월 30일 드디어 100만 명째 입장객이 들어와 상품도 주며 함께 기쁨을 나눴다.

2015년에도 기필코 100만 명을 유치하자며 모두 기를 썼건만 아쉽게도 실패했다. 그러나 2016년 1월 2일 결국 100만 명째 관람객이 입장했다. 이렇게 말하면 크게 어긋남이 없을 것이다. 개장 이래 2년 연속 해마다 관람객을 거의 100만 명 유치하는 데 성공했다고.

충남 서천은 유사 이래 '교통 체증'이란 단어를 모르는 곳이었다. 그런데 주말 하루 동안 관람객 1만 명이 생태원을 찾으면 주변 도로들이 전부 막혀 경운기가 나올 수 없다는 민원 전화가 빗발친다. 생태원 앞길에서 금강하구둑을 넘어 군산 시내 쪽으로 차들이 길게 늘어서 애꿎은 군산 경찰은 영문도 모른 채 뛰쳐나와 교통정리를 해야 한다. 이렇게 주말마다 비가 오나 눈이 오나 1만 명씩 몰려와도 1년이면 52만 명에 불과하다. 그 곱절을 해야 100만 명이 된다. 관람객 수는 날씨에 지대한 영향을 받는다. 주말에 비가 오거나 눈이 오면 방문객 수가 현저하게 줄어든다. 이런 온갖 악조건에도 우리는 환경부에서 내려준 연간 30만 명이라는 목표를 300% 이상 초과달성한 것이다. 환경부는 곧바로 '초대박'이라는 보도자료를 뿌리며 기뻐했다.

2016년 언젠가 기획재정부 국장 한 분이 이런 얘기를 했다고 한다. 국민의 세금으로 지은 공공기관 중 돈이 아깝지 않은 기관이 딱 둘 있는데, 하나는 경기도 성남시 분당구에 있는 한국잡월드이고 다른 하나는 충남 서천군에 지은 국립생태원이라고. 그 자리에 함께했던 환경부 직원이 너무 기뻐 알려준 소식이다. 임기 3년째인 2016년에도 내 목표는 확고했다. 그러나 입장객 추이를 분석하던 이원효 전시본부장님이 내게 꿈을 접으라고 충고했다. 왜 그래야 하느냐고 반발했더니 "전문용어로 말하면 이제 개장발이 끝났습니다"라는 것이었다. 새로운 기관이 문을 열면 어디든 첫해에는 그런대로 사람들이 찾아온단다. 하지만 해를 거듭할수록 재방문율이 급격히 떨어지면서 모두 애물단지로 전락한단다. 개장 이후 200만 명이 방문했으면 이제 올 사람은 다 와본 것이라고 봐야 한단다. 그래도 우리는 최선을 다해 2016년에도 관람객을 96만 명 유치했다.

국립생태원이 전시기관으로 안착하는 데 가장 크게 기여한
사람은 누가 뭐래도 이원효 본부장이다. 에버랜드에서 일하던 시
절 장미축제를 기획해 성공했고 기본적으로 테마공원이자 놀이
공원인 서울대공원 원장을 10년 이상 했던 터라 나와는 관점과
철학이 많이 다르지만 그의 오랜 경험과 탁월한 리더십으로 개장
초기를 무사히 넘길 수 있었다. 그는 특히 사모님과 함께 아예 서
천으로 주거지까지 옮겨와 주중과 주말을 가리지 않고 생태원 집
사 역할을 자처했다. 국립생태원의 조기 안정과 CEO로서 내 성
공 뒤에는 그의 경륜과 희생이 있다.

국립생태원은 서천에 도움이 되었나?

관광객 수는 매년 90~100만 명 선을 유지한다 하더라도 실제
로 지역경제에 도움이 되는지는 따로 조사해봐야 한다. 우리나라
사람들이 잘하는 일로 내가 관찰한 것 중 하나는 바로 도착하기
가 무섭게 갈 준비부터 하는 습성이다.

먼 길이라서 아침 일찍 집을 떠나 고속도로를 달려 국립생태
원에 도착한 지 얼마 되지도 않았는데 일행 중 누군가 고속도로가
막히기 전에 빨리 출발해야 한다고 재촉한다. 꼼꼼히 보려면 꼬박

하루도 모자라는 곳인데 오자마자 갈 준비부터 한다. 그렇지 않아도 급한 성격인데 그 한 분의 재촉 때문에 서둘러 귀갓길에 오르면 서천에 남는 것은 그분들이 타고 온 자동차 매연뿐이다.

그래서 우리는 경영학자들에게 용역을 주어 국립생태원을 찾는 관람객들이 실제로 지역경제에 보탬이 되는지 분석해달라고 요청했다. 이 같은 분석을 제대로 하려면 상당한 시간과 예산이 필요하단다. 하지만 적은 예산으로 진행한 소규모 용역 연구 결과에는 다음과 같은 관찰 결과가 들어 있었다.

국립생태원이 생긴 지 2년 반 동안 그 작은 깡촌 서천군에 새로 음식점 250개가 문을 열었단다. 나는 이보다 더 확실한 증거 자료는 없다고 생각했다. 물론 요식업은 실패 확률이 높은 직종이지만 사람들이 버글거리지 않는데 음식점을 여는 정신 나간 사람은 없을 테니 말이다.

2016년 가을로 접어들자 동네에서 만나는 어르신마다 내 임기를 물으셨다. 금년 말이면 임기를 마치고 대학으로 돌아간다고 했더니 다들 안 된다며 청와대에 민원을 넣겠다고 으름장을 놓았다. 임기를 마치기 며칠 전 서천군청에서 잠시 들렀다 가라는 통보가 왔다. 나는 감사패 같은 거 정말 싫어한다며 호들갑을 떨었더니 그렇지 않아도 그럴 것 같아 준비하지 않았으니 마지막으로 인사라도 하고 가라기에 시간을 내어 들렀다.

그런데 군청 전 직원이 모인 강당에서 군수님이 아주 작은 상자 하나를 건네며 열어보라신다. 열어보니 그 안에는 흡사 주민등록증처럼 생긴 작은 카드가 한 장 들어 있었다. 서천군 '명예 군민증'이었다. 순간 울컥해 하마터면 눈물을 쏟을 뻔했다. 어쩌다보니 나는 성공한 CEO로 행복하게 임기를 마치고 떠날 수 있었다. 나는 참 행복한 사람이다.

명예 군민증을 받다가
하마터면 울 뻔했다.

4

나의 경영
십계명

마음에 새기는 10개의 문장

국립생태원 '제인 구달의 길'을 거의 빠져나올 즈음에 마치 목장 울타리처럼 얼기설기 가로로 길게 붙어 있는 좁다란 나무판자들이 나타난다. '제인 구달의 생명 사랑 십계명'을 판자 하나에 하나씩 새겨 매달아놓은 곳이다. 맞은편에는 잠시 쉬면서 열 개 계명을 음미하려는 사람들을 위해 편안히 걸터앉을 수 있는 돌계단을 서너 층 마련해놓았다. 나는 제인 구달의 세 번째 계명인 "마음을 열고 겸손히 동물들에게 배우자"를 평생 가슴에 새기고 실천하며 살아온 동물행동학자다.

나도 조심스레 경영 십계명을 꼽아보려고 한다. 경험 많은 경영자가 보면 전혀 새로울 게 없는, 말의 유희처럼 들릴지도 모른다.

제인 구달의 생명 사랑 십계명

1. 우리가 동물사회의 일원이라는 것을 기뻐하자

2. 모든 생명을 존중하자

3. 마음을 열고 겸손히 동물들에게 배우자

4. 아이들이 자연을 아끼고 사랑하도록 가르치자

5. 현명한 생명지킴이가 되자

6. 자연의 소리를 소중히 여기고 보존하자

7. 자연을 해치지 말고 자연으로부터 배우자

8. 우리 믿음에 자신을 갖자

9. 동물과 자연을 위해 일하는 사람들을 돕자

10. 우리는 혼자가 아니다. 희망을 갖고 살자

그래도 내게 작은 소망이 있다면, 평생 생명 사랑 정신을 가슴에 품고 살아온 나도 제인 구달의 생명 사랑 십계명을 보며 여전히 감동하는 구절이 있듯이, 내 경영 십계명에서도 다만 한두 개라도 공감하면 좋겠다는 바람이다. 앞서 '들어가며'에서 밝혔듯이 평생 경영과는 상관없는 전문 직종에 종사하다 뒤늦게 사회의 부름을 받은 분들에게 조금이라도 도움이 됐으면 하는 마음으로 이 책을 썼다. 나같이 거의 완벽한 문외한도 몇 가지 원칙만 지키며 최선을 다하면 성공한 CEO가 될 수 있다는 용기를 주고 싶었다.

처음부터 내가 열 가지 계명을 마치 급훈처럼 벽에 걸어놓고 준수하며 산 것은 아니다. 국립생태원장 일을 시작하기 전에 경영 선배들의 조언을 열심히 구해 들었고, 쥐뿔도 모르며 그동안 기업에 불려가 강연을 하며 어쭙잖게 경영 훈수를 둔 게 부끄러워 이름난 경영학자들의 책들도 죄다 꺼내 다시 읽었다. 그렇게 머리로 배운 교훈들이 실전을 겪으며 서서히 가슴을 거쳐 손발에 쥐어지기 시작했다.

실제로 마지막으로 직원들에게 쓴 '정든 국립생태원을 떠나며'라는 글에서는 나만의 경영 원칙을 다섯 가지로 정리했다. 그 다섯 가지가 더 쪼개지고 부풀려지다 보니 어느덧 십계명이 되었다. 부끄럽지만 조심스레 하나씩 펼쳐보려 한다.

최재천의 생태경영 십계명

하나, 군림(君臨)하지 말고 군림(群臨)하라.

둘, 가치와 목표는 철저히 공유하되 게임은 자유롭게

셋, 소통은 삶의 업보다.

넷, 이를 악물고 듣는다.

다섯, 전체와 부분을 모두 살핀다.

여섯, 결정은 신중하게, 행동은 신속하게

일곱, 조직을 위해서라면 기꺼이 치사하게

여덟, 누가 뭐래도 개인의 행복이 먼저다.

아홉, 실수한 직원을 꾸짖지 않는다.

열, 인사는 과학이다.

하나, 군림(君臨)하지 말고 군림(群臨)하라

원장실로 보고를 하거나 결재를 받으러 와본 직원이라면 누구나 기억하겠지만, 나는 하루에도 열몇 번씩 반드시 자리에서 일어나 소파로 내려와 보고도 받고 결재도 했다. 어김없이 자리에서 일어나 책상을 돌아 나오려는 나에게 "원장님, 그저 한마디만 드리면 됩니다"라며 애써 나를 자리에 도로 앉혀준 몇몇 직원의 배려를 제외하곤 언제나 직원들과 눈높이를 맞춘 상태에서 업무를 처리했다. 결코 완벽하진 않았지만 그 덕에 질문도 할 수 있었고 어느 정도 의견 교환도 가능했다고 생각한다.

영화나 드라마에 보면 사장이나 실장이 편안한 의자에 앉아 불편하게 서 있는 부하직원을 올려다보며 지적도 하고 지시도 내린다. 나는 이런 눈높이의 불균형이 실제로 도움이 되기는커녕 오히려 손해가 될 수 있다고 생각했다. 차라리 옛날 우리 임금님처럼 높은 옥좌에 앉아 호통을 칠 수 있으면 권위가 설지 모르지만, 부당한 지시를 받거나 욕지거리를 듣는 직원이 오히려 내려다보는 상황에서는 자칫 역효과가 날지도 모른다고 생각했다. 눈높이를 맞추면 업무를 담당하는 직원으로 하여금 주인 의식을 갖게 하는 훌륭한 효과도 덤으로 기대할 수 있다.

권위를 얻는 길에는 두 갈래가 있다. 스스로 드러내며 취하는 권위와 남들이 마음으로 떠받들어주는 권위는 질적으로 다르다.

지위가 높으면 권위는 자동으로 따라온다. 지위가 높다고 권위적으로 행동하는 사람은 본인이 열등의식의 소유자임을 드러내는 것이며 그렇게 얻은 권위는 결코 오래 가지 않는다. 상황이 바뀌면 새벽 안개처럼 허무하게 사라진다. 가진 자와 높은 자는 무조건 미안해야 하고 더 허리를 굽혀야 한다.

방황하던 대학 시절 나를 학자의 길로 인도해준 책이 있다. 1965년 노벨생리의학상을 수상한 프랑스 생물학자 자크 모노(Jacques Lucien Monod)가 쓴 《우연과 필연(Le hasard et la ne-cessite)》이 바로 그 책이다. "우주에 존재하는 모든 것은 우연과 필연의 열매들이다." 책 서두에 인용된 데모크리토스(Democri-tos)의 말처럼 우리 삶의 희로애락도 전부 우연과 필연의 산물이다. 어쩌다 지금은 약간 사회적 성공을 얻어 과분하게 대접받으며 살지만 나는 내 과거를 잘 기억한다. 내가 이만큼이나마 성공한 데에는 엄청난 운이 작용했음을 인정하지 않을 수 없다.

돌이켜보면 중요한 삶의 길목마다 우연히 내 앞에 나타나준 의인들과 예기치 못한 상황 반전이 있었다. 그 여러 삶의 길목 어디에서라도 자칫했더라면 나는 어쩌면 지금 노숙을 한다 해도 억울해하기 어렵다. 나의 과거는 나를 철저히 겸허하게 만든다. 나는 어쩌다 운 좋게 이 사회가 만들어놓은 게임의 룰에 잘 적응했을 뿐이다. 만일 전혀 다른 룰이 지배하는 사회였다면 처절하게 낙오

자가 됐을지도 모른다. 나는 살면서 단 한 번도 진심으로 남을 깔본 적이 없다. 단 한순간도 내가 남보다 잘났다고 생각한 적이 없기 때문이다. 누구 못지않게 열심히 노력하고 살았지만 내 삶에 풍성하게 내려진 우연의 축복에 그저 한없이 고마울 따름이다.

칼라하리사막을 중심으로 수렵채집 생활을 하며 살아가는 부시먼(!Kung Bushmen) 부족을 연구한 캐나다 인류학자 리처드 리(Richard Borshay Lee) 박사의 유명한 일화가 있다. 처음으로 찾아뵙는 족장에게 연구를 할 수 있게 허락해줘 고맙다는 인사로 선물을 하나 드렸단다. 그런데 그 후로 방문하는 집마다 자신이 선물한 것과 똑같은 물건이 있었다. 처음에는 누구나 갖고 있는 걸 선물해서 족장이 자기에게 고맙다는 인사를 제대로 하지 않았나보다 생각했는데, 나중에 알고 보니 부시먼 문화에서는 혼자만 좋은 걸 갖고 있는 것은 더할 수 없는 수치라서 마치 뜨거운 감자처럼 계속 다른 집으로 건네준 것이란다.

남보다 너무 많이 가진 건 결코 자랑이 아니다. 한정된 자원을 공유하며 살아가야 하는데 혼자 지나치게 많이 움켜쥐고 나누지 않는 것은 사회적 동물로서 창피한 행동이다. 이렇게 얘기한다고 해서 내게 이제는 사라진 공산주의자라고 낙인찍지는 않았으면 좋겠다. 다만 나는 남보다 많이 갖거나 높은 자리에 앉아 있는 게 영 불편하다. 그렇다고 남의 지배를 받기는 싫지만.

"Imagine no possessions/ I wonder if you can/ No need for greed or hunger/ A brotherhood of man/ Imagine all the people sharing all the world(소유라는 게 없는 세상/ 당신이 상상할 수 있을지/ 욕심을 내거나 배고플 필요가 없는 곳/ 형제애/ 모든 사람이 모든 세상을 공유하는 걸 상상해보라)." 존 레넌(John Lennon)이 애타게 노래하던 세상은 이미 존재하고 있었고 앞으로도 충분히 존재할 수 있다.

세상은 군림(君臨)이 아니라 군림(群臨)으로 유지된다. '임금 군(君)' 곁에 온순한 양(羊)들이 둘러서면 졸지에 '무리 군(群)'이 된다. 우리 사회는 얼마 전 바로 이런 '양들의 군림(群臨)'을 뜨겁게 경험했다. 세상 모든 조직이 다 똑같을 수는 없겠지만, 국립생태원은 원장이 홀로 군림하며 끌고 나갈 수 있는 곳이 아니다. 국립생태원은 원장이나 본부장들 또는 실장들의 것이 아니다. 오랫동안 그곳에서 일하고 그곳에 뼈를 묻을 직원 한 사람 한 사람의 것이다. 모두가 주인의식을 가지고 당당하게 군림(群臨)해야 한다.

3년 2개월 동안 나는 한시도 이를 잊은 적이 없다. 두뇌 하나가 두뇌 열 또는 백을 능가할 수는 없다. 지금은 어쩌다 가끔 세계적 석학이라는 분에 넘치는 소개를 받으며 살지만 나는 바닥을 기어본 사람이다. 대학 입시가 삶에서 가장 중요한 것처럼 느껴지는 이 나라에서 태어나 나는 두 번이나 낙방한 경험을 갖고 있다. 지금은 없어졌지만 이른바 '제2지망' 제도 덕에 간신히 서울대학교에 입학했으나 원했던 학과가 아닌지라 거의 4년 내내 열등감으로 똘똘 뭉쳐 살았다. 나는 천신만고 끝에 얻은 미국 유학 생활로 정말 운 좋게 거듭난 사람이다.

나는 살면서 단 한 번도 내가 진정 남보다 우월하다는 생각을 품어본 적이 없다. 나는 대가 약하다는 소리를 귀가 따갑도록 듣고 자랐지만 세상을 이만큼 살아보고 난 지금은 주변에서 확신에 차 있는 사람들을 보면 측은하기까지 하다. 세상 모든 사소한 일에까지 자기 생각이 뚜렷하고 그대로 되지 않으면 못 견뎌 하는 사람들은 더 넓고 큰 세상을 품지 못한다. 나는 내 생각이 틀렸고 남이 옳을 수 있다고 굳게 믿으며 산다. 그래서 카리스마가 없다는 얘기를 늘 들으며 사는 모양이다. 카리스마로 꽉 찬 두뇌 하나가 유연한 두뇌 여럿의 집단 지능을 이길 수 없음을 나는 너무나잘 안다. 나는 카리스마 없는 리더로 살기로 했다.

둘, 가치와 목표는 철저히 공유하되 게임은 자유롭게

신설 기관의 원장이 되고 보니 해야 할 일이 한둘이 아니었다. 직원도 채용하고, 조직도 구성하고, 부서 이름도 정하고, 공간 배치도 하고, 규정집도 만들어야 하고, 심지어 미션(mission), 비전(vision) 그리고 핵심 가치(core values)도 만들어야 했다. 미션, 비전, 핵심 가치 등을 만들어야 한다기에 나는 그날부터 밤잠을 설쳐가며 관사에서 국립생태원의 철학이 무엇인지 골몰했다. 나는 스승인 에드워드 윌슨 교수님을 닮아 은근히 조어(造語) 작업을 즐긴다. 독자들을 위해 책에 사인을 해줄 때 쓰다가 어느덧 좌우명처럼 돼버린 '알면 사랑한다', 우리 시대의 새로운 인간상으로 제시한 '호모 심비우스(*Homo symbious*)', 고령사회를 대비한 '인생 이모작', 대한민국을 학자의 나라로 만들자며 제안한 '대학문국(大學問國)', 잎을 잘라다가 버섯을 길러먹는 개미를 '가위개미'라고 부르는 게 못마땅해 개명한 '잎꾼개미'에서 '통섭(統攝, consilience)'에 이르기까지 나는 새로운 말을 만드는 걸 은근히 좋아하는 정도가 아니라 매우 좋아한다.

그런데 내가 초대원장으로 근무하는 기관의 철학을 정립하는 일을 소홀히 할 리가 있겠는가? 그러나 며칠 후 이 작업은 이런 일을 전문적으로 하는 외부업체에 용역을 주는 것이라는 보고를 받고 한편으로는 민망하기도 했지만 또 한편으로는 매우 섭섭했다.

용역을 내보내고 얼마 뒤 업체에서 중간 보고를 하러 왔다. 미션과 비전도 그리 마음에 들지 않았지만 스크린 가득 핵심 가치를 내걸었을 때 나는 더 참을 수 없었다. 이제는 정확하게 기억나지 않지만 '수월성', '소통성' 등 '성'자 돌림의 단어 네 개를 가

리키며 나는 "왜 LG화학 핵심 가치를 우리에게 가져오셨냐?"라고 다그쳤다. LG화학 걸 가져온 게 아니고 국립생태원을 위해 새로 만들었다고 항변하는 업체 연구원에게 나는 "아니, 이 세상천지 어디에 수월성 싫어하는 기관이 있어요? 농협에 줘보세요. 좋아하겠네. 삼성전자도 마다하지 않을걸요"라며 마구 몰아세웠다. 서둘러 회의를 마치고 돌아간 그들로부터 몇 달이 가도 소식이 없어 무슨 일인지 알아보라고 했더니 용역을 반납하겠다는 답변이 돌아왔다. 나는 얼씨구나 싶어 도로 받아오라고 지시했다.

그러자 감사실장이 헐레벌떡 원장실로 달려왔다. "원장님, 안 됩니다." 내가 원장 일을 하며 가장 많이 들은 말이다. 왜 안 되느냐 물었더니 국민의 세금으로 사업을 집행했는데 실패해서 회수하면 평가에서 불이익을 당한다는 것이다. 스스로 능력 없음을 자백하고 반납하겠다는데 도대체 어쩌란 말인가? 어쩔 수 없이 나는 그들을 불러 내가 따로 모신 자문위원들과 장시간 브레인스토밍을 거쳐 함께 만들었다. 자문위원회에는 평소 내가 알고 지내던, 한때 우리나라 최초의 우주인이 될 뻔했던 에이팀벤처스 고산 대표, 하지원 에코맘 대표, 이장섭 액션서울 대표, 허핑턴포스트코리아 편집인을 맡고 있는 손미나 아나운서 등 참신한 아이디어로 충만한 분들을 모셔 내가 구상하는 여러 생태원 프로젝트들에 대해 다양한 의견을 묻곤 했다. 다 만들고 나니 내가 만든 핵심 가치와 거의 다르지 않았다. '생명 사랑, 다양성, 창발, 멋.'은 연중 내가 그렇게 몰고 갔음을 고백한다.

얼마 전 우리 사회는 '생명 사랑' 정신의 부재로 꿈에도 잊지 못할 아픔을 겪었다. 세월호 침몰은 승객의 안전을 최우선 핵심 가치로 삼아 마땅한 한 업체의 생명 경시 때문에 일어난 어처구니없는 사고였다. 생명 탄생은 과학적으로는 불가능한 확률의 기적이요, 종교적으로는 한없는 신의 축복이다. 이처럼 고귀한 생명을 받았다면 모름지기 다른 생명을 사랑할 의무가 있다. 생태학은 한마디로 '다양성'을 연구하는 학문이다. 이 엄청난 생물다양성이 어떻게 진화해 공존하는지를 과학적으로 조사하고 분석하기 위해 국립생태원에는 참으로 다양한 인재가 모였다.

정부기관, 민간기업, 시민단체, 학계 등에서 서로 다른 경험을 쌓은 사람들이 함께 일하기란 결코 쉽지 않다. 그러나 나는 균일 집단의 일사불란보다 다양성이 만들어내는 '창발(創發, emergence)' 효과에 큰 기대를 건다. 하위 수준에는 없던 속성이 그들이 모여 상위 계층을 이루면서 새롭게 출현한다는 '창발'은 내가 십여 년 전 우리 사회에 화두로 던진 '통섭'의 개념과 맥을 같이 한다.

끝으로 '멋'은 그 뜻을 정확하게 규정하기 어려운 말이다. '멋'은 감각적 개념의 '맛'을 감성적으로 표현한 말로, 됨됨이나 행동의 품격이 세련되고 여유로움을 뜻한다. 5,000년 역사를 통틀어 단 한 번도 부유해본 적 없지만 우리는 멋을 아는 민족이었다. 그러나 언제부터인가 우리는 돈 몇 푼을 탐하느라 멋을 잃었다. 국립생태원이 다양함을 창발로 승화하며 '생명 사랑' 정신을 온 누리에 되살리는 '멋'진 사람들이 함께 일하는 기관으로 우뚝 서기를 바라며 만들어낸 핵심 가치들이다.

우여곡절 끝에 만들어진 국립생태원의 핵심 가치를 나는 진정으로 좋아한다. 좋아하는 정도가 아니라 지극히 자랑스럽다. '정직, 근면…' 따위의 영혼 없는 단어들을 늘어놓은 많은 다른 기관의 핵심 가치와 근본적으로 다르다. 원장인 나는 말할 나위도 없거니와 국립생태원 500명 직원 모두 핵심 가치를 잠꼬대로도 되뇔 정도가 될 때까지 다양한 교육과 이벤트를 계속했다. 핵심 가치의 정신을 전 직원이 공유하며 정말 열심히 일했다. 그러나 원장으로서 내가 한 일은 여기까지였다. 미션과 비전을 확고히 해 직원 모두가 공통된 목표를 향해 매진할 수 있게 하고 그 일을 해나가는 과정에서는 핵심 가치를 수단 또는 철학으로 삼았다. 이런 점에서 최고경영자로서 내 전략은 말하자면 '여왕개미 통치 철학'에 기반을 둔 것이었다.

사람들은 흔히 개미 제국에서는 여왕개미가 모든 일을 진두지휘하며 무소불위의 권력을 행사하는 줄 알지만 실제로는 전혀 그렇지 않다. 여왕개미는 국가의 미래를 책임질 차세대 인력을 확보하는 번식만 홀로 담당하고 나머지 모든 일은 전적으로 일개미들에게 위임한다. 국가의 규범을 확립하고 그를 어기는 행위는 단호히 응징하지만 실행 과정은 자유롭게 풀어준다.

게임의 룰만 정해줄 뿐 정작 게임 자체는 더할 수 없이 자유롭고 신명나게 하도록 놓아준다. 나는 '일터를 놀이터로'라는 기치를 내걸고 핵심 가치와 목표는 모두 확실하게 공유하지만 실제 일은 자발적으로 기획하고 진행할 수 있도록 자율적인 분위기를 조성하는 데 최선을 다했다.

국립생태원 정문을 들어서면 길을 내느라 오른쪽으로 산허리를 깎아 뻘건 흙 언덕이 드러나 있었다. 정문을 통과할 때마다 그 시뻘건 흙더미가 눈에 거슬리던 나는 드디어 그곳을 손보기로 했다. 직원들과 상의한 결과 꽃밭을 만들기로 결정했다. 줄잡아 6,000~7,000m²(약 2,000평)는 됨직한 넓은 언덕에 화사한 꽃밭이 만들어지면 그 또한 좋은 볼거리 관광상품이 될 것이라 생각하고 직원들과 토론을 시작했다. 원장으로서 나는 한 가지만 주문했다. 이런 주문도 따지고 보면 독재의 요소를 안고 있겠지만 다양한 꽃을 심어 울긋불긋하게 만들지 말고 한 종류만 심어 단색이 주는 강렬한 이미지를 연출했으면 좋겠다고 직원들을 설득했다.

일단 원장의 고집이 받아들여진 다음 우리는 여러 차례 공론과

투표를 거쳐 우리 토종인 찔레꽃을 심기로 했다. 철쭉, 개나리, 심지어 장미까지 경합했으나 우리는 끝내 소박한 우리 꽃을 선택했다. 5월과 6월 늦은 봄과 초여름 사이에 언덕 가득 흐드러진 찔레꽃의 은은한 향기가 생태원을 찾는 관광객들의 코를 자극한다. 해마다 장사익 선생이 오셔서 그의 대표작 〈찔레꽃〉을 멋들어지게 불러주면 그리 머지않은 장래에 전국의 명소로 떠오를 이곳은 여왕개미인 내가 혼자 결정한 게 아니라 일개미들이 지극히 민주적인 절차를 거쳐 만들어낸 작품이다. 찔레동산이 풍성하게 자리를 잡아가며 직원들의 자부심과 애착도 함께 커나갈 것이라 믿는다.

내가 썩 좋아하는 것은 아니지만, '위원장 동지'라는 별명을 달고 여러 위원회에서 위원장을 해봤지만 가장 기억에 남는 위원회는 역시 '제돌이야생방류시민위원회'였다. 2012년 3월 12일 박원순 서울시장이 2009년에 제주 서귀포 앞바다에서 혼획돼 서울대공원에서 돌고래쇼를 하던 남방큰돌고래 '제돌이'를 야생으로 돌려보내기로 결정하고 준비위원회를 구성했다. 어쩌다 나는 이 위원회의 위원장을 맡아 이듬해 7월 18일 제돌이를 제주 김녕항 앞바다에 방류할 때까지 평생 잊지 못할 경험을 하게 되었다.

그런데 앞서 말한 대로 온갖 다양한 위원회의 장을 맡아 일해봤지만 이보다 더 힘든 위원회는 없었다. 위원회에는 핫핑크돌핀스, 동물자유연대, 동물보호시민단체 카라, 환경운동연합 바다위원회 등 온갖 동물 관련 시민단체가 거의 총망라되었다. 제주도청, 국립고래연구소, 서울대공원 등 관련 기관은 물론 학자와 변호사를 포함해 돌고래 야생 방류에 관한 거의 모든 이해집단이 참여했다.

첫 만남부터 분위기가 심상치 않더니 회의가 거듭될수록 그야말로 점입가경이었다. 위원장인 나조차 발언 기회를 얻기가 어려웠다. 온갖 의견이 개진되었고 곧바로 온갖 비난이 빗발쳤다. 과연 이런 위원회를 언제까지 지속할 수 있을지 걱정스러웠다. 내가 아무리 노력한들 다스려질 사람들이 아니었다. 그래서 나는 딱 한 가지만 주문했다. 모든 발언은 "어떻게 하면 제돌이를 하루빨리 무사히 제주 바다로 돌려보내줄 수 있을까?" 오로지 이 하나만 생각하며 해달라고. 조금이라도 여기서 벗어나는 발언은 위원장 직권으로 가차 없이 저지하겠노라고.

참으로 힘든 위원회였지만 모든 게 끝이 날 때에는 신기한 경험을 얻었다. 만나기만 하면 그렇게 으르렁대던 위원들이 제돌이를 풀어주러 모인 자리에서는 정말 아무런 앙금도 없이 서로 격려하며 축하해주었다. 그래서 나는 배웠다. 이게 바로 새 시대의 새로운 거버넌스(governance)라는 것을.

새 시대의 새로운 거버넌스 시스템은 시작부터 모든 이해당

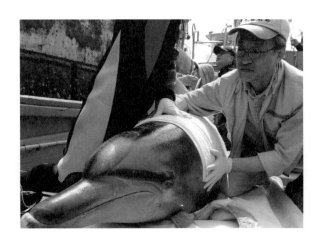

바다로 돌아가게 된 돌고래 제돌이.
이 일을 추진하는 과정에서
시끄럽지만 그래서 효과적인
민주주의를 나는 강렬하게 경험했다.

사자 혹은 집단의 목소리를 빠짐없이 들을 수 있도록 구성한다. 과정은 힘들고 시끄럽지만 궁극적으로는 더 효율적이고 시간도 덜 든다. 민주주의의 역사가 직접민주제로 시작해 간접민주제로 발전했다가 이제 또다시 직접민주제를 가미하는 방향으로 흘러가고 있다. 우리는 얼마 전 촛불을 들고 이 같은 변화를 온몸으로 경험했다. 직접민주주의는 이제 오프라인과 온라인 모두 가능하다. 기술의 발전이 사회제도의 변화를 주도한다.

셋, 소통은 삶의 업보다

소통은 조직의 장이라면 누구나 입에 침이 마르도록 강조하는 덕목이다. 그러나 소통을 만족스럽게 이뤄내는 조직은 세상천지 어디에도 없으리라. 나는 평생 동물들의 의사소통 행동을 연구해온 학자로서 소통이 왜 이렇게 어려운지 너무도 잘 알고 있다. 소통은 원래 안 되는 게 정상이다. 잘되면 그게 신기하고 비정상이다. 이솝 우화 〈개미와 베짱이〉에 보면 개미는 여름 내내 땡볕에서 열심히 일하는데 베짱이는 나무그늘에 앉아 노래만 부르며 놀고먹다가 결국 큰 낭패를 보는 것으로 되어 있다.

그러나 실상은 우화와 아주 딴판이다. 개미야 늘 열심히 일하지만 베짱이가 놀고먹는다는 것은 사실과 다르다. 베짱이 수컷은 날이 추워지기 전에 어떻게든 암컷과 짝짓기를 해서 자신의 유전자를 후세에 남겨야 하기 때문에 필사적으로 노래하는 것이지 결코 빈둥거리는 게 아니다. 베짱이 수컷이 쉬지도 못하고 줄기차게 소리를 만들어내야 하는 이유는 주변에 암컷들이 있어도 선뜻 짝짓기에 응해주지 않기 때문이다.

실제로 개미는 군락 전체 일개미의 그저 20% 정도만 일하지만 베짱이 수컷들은 한 마리도 빠짐없이 식음을 전폐하고 하루종일 뒷다리를 날개 가장자리에 비벼대는 중노동을 계속한다. 암컷 단 한 마리와도 소통하기 위해 필사적으로 노력한다. 삶의 현장에서 소통은 이처럼 처절한 것이다. 그래서 소통을 그저 한두 차례 시도한 다음 상대의 비협조를 불평하며 포기하는 것은 용서할 수 없는 일이다. 소통은 될 때까지 악착같이 해야 한다. 우리가 사회적 동물로 태어난 이상 소통 없이 할 수 있는 일이란 사실상 없다고 봐야 한다. 서울대학교 장대익 교수에 따르면 인간은 '울트라 소셜(ultra-social)'한 동물이라는데, 그렇다면 소통은 우리가 태생적으로 짊어진 삶의 업보다.

원장으로 부임해 사무실을 돌며 직원들을 만나면서 보아하니 사무실마다 책상 사이에 높은 칸막이가 세워져 있고 직원들은 모두 마치 참호에 엎드려 있는 군인들처럼 일했다. 몇몇 경영학 책에서 소통을 원활히 하려면 우선 칸막이부터 없애라는 내용을 읽은 나는 칸막이를 없애면 안 되겠느냐고 물었다. 그러자 곧바로 칸막이를 뜯어내는 작업이 진행됐다. 원장이란 사람은 말을 결코 가벼이 할 게 아니라는 걸 배웠다. 배움은 여기서 끝나지 않았다. 한 달쯤 지났을까, 어느 직원이 면담을 신청했다. 소파에 마주앉은 그는 '죽기를 각오하고 직언을 올리겠다'며 칸막이를 다시 설치하게 해달라고 했다. 앞뒤, 좌우로 다른 사람들의 얼굴이 보이는 상태로는 도무지 일에 집중할 수 없다는 것이었다.

국립생태원 건립 용역을 하던 시절 나는 일본 교토에 있는 지구환경연구소(RIHN, Research Institute for Humanity and Nature)를 벤치마킹 목적으로 방문한 적이 있다. 소통을 활성화하는 데 최적의 구조를 갖췄다며 건축상을 받았다는 건물을 내 눈으로 직접 보고 싶었다. 펼친 부채처럼 생긴 건물이었다. 부채의 손잡이가 되는 지점에 서면 모든 부서의 직원을 다 볼 수 있는 구조였다. 칸막이가 전혀 없는 평평한 책상들 위에서 일하던 직원들이 회의를 하거나 차를 마시러 손잡이 위치로 모여들 수밖에 없도록 설계해 저절로 소통하게 만들었다. 환상적이었다. 나도 국립생태원을 그렇게 디자인하리라 마음먹었다. 그런 사무실에서 일하는 사람들은 얼마나 행복하고 창의적일까 궁금해 조용히 사무 공간 사이를 거닐며 관찰을 이어갔다.

그런데 막상 가까이 가보니 책꽂이나 널빤지로 나름의 칸막이들을 만들어 세운 사람들이 적지 않았다. 그들에게 들은 대답도 정확하게 동일했다. 사방이 뻥 뚫린 공간에서는 도무지 집중해서 일할 수 없다는 것이다. 그래서 나는 최종 용역 보고서에 트인 공간과 닫힌 공간을 적절히 안배하자고 제안했다. 결국 나는 칸막이 존속 여부는 부서별로 토의해 정하라고 지시했다. 칸막이를 부활시킨 부서의 업무 실적이 정상화되었는지는 아직 확인해보지 못했다.

부서 내의 소통도 문제지만 부서 간 소통이 실제로는 더 심각한 문제다. 부서 간 소통에는 원장과 직원 간의 소통도 포함된다.

누구든 언제든 원장에게 할 얘기가 있으면 자유롭게 원장실로 찾아오라고 수없이 말했건만 취임한 지 몇 달이 지나도록 자발적으로 원장실을 찾은 직원은 그야말로 손으로 꼽을 지경이었다. 그래서 나는 도시락 점심 미팅을 시작했다. 외부 일정이 없는 날이면 가능한 한 자주 이런 자리를 마련했다. 결국 모든 부서와 한두 차례씩은 도시락 미팅을 할 수 있었다. 그러고 나면 점심시간에 식당에서 만나도 덜 서먹서먹했다.

선례를 만들면 곤란하다고 직원들이 경고했지만 나는 내가 먼저 노동조합 사무실을 방문해 노조원들 얘기를 경청하려 노력했다. 노조위원장이 원장실로 나를 찾아오면 아무래도 분위기 때문에 허심탄회하게 얘기를 나누기 힘들다. 결재를 하기 전에 좀 더 상세한 설명을 듣기 위해 담당 직원을 원장실로 부르는 게 태반이었지만 가끔은 내가 불쑥 사무실로 찾아가 설명을 듣곤 했다. 나는 이런 탈권위적 행위들이 소통에 도움이 된다고 믿고 임기 내내 꾸준히 실행했다.

직원들 간의 소통을 활성화하는 방안으로 동아리 활동을 적극적으로 장려하고 나도 여러 동아리에 회원으로 등록하고 참여했다. 대학을 졸업한 지 수십 년 만에 당구도 치고 볼링도 해봤다. 축구와 야구 동아리에도 끼어들어 최고령자로 뛰느라 곤혹을 치렀다. 직원체육대회에서는 계주에도 참여해 왕년의 달리기 실력을 뽐내기도 했다. 난생처음 해본 족구 경기에서는 실수를 연발해 사내 게시판에 '원장님은 선수로 뛴 모든 경기에서 전패했다'는 글이 올라오는 수모를 겪었다.

이런 모든 노력에도 부서 간 소통은 여전히 쉽지 않았다. 구조적으로 소통할 수밖에 없게 만드는 설계 디자인을 제안했건만 건립 과정에서 철저하게 무시당한 지극히 전통적인 건물에서 어떻게 하면 소통 기회를 늘릴 수 있을지 끊임없이 고민했다. 시간이 날 때마다 건물 구석구석을 돌아보며 휴게실로 쓸 수 있는 공간을 찾았다. 몇 군데 휴게공간을 마련했지만 효과는 미미했다.

도대체 무슨 용도로 그리 설계했는지 모르지만 본부 건물로 들어서면 바로 앞 유리창 너머로 사각형 중정이 있다. 용도가 분명하지 않은 땅에 잡초만 자라는 게 보기 딱했는지 실장님 한 분이 한쪽으로 화초를 심고 가꾸기 시작했다. 그 땅을 2년 넘게 바라보던 어느 날 나는 드디어 결심했다. 그곳에 카페를 만들기로. 허가 관계를 타진하느라 시간이 흘렀고 사방으로 갇혀 있는 공간에 어떻게 공사를 할 수 있을지 방법을 찾느라 시간이 흐르다보니 결국 나는 완공되기 전에 생태원을 떠났다. 그 뒤로도, 우리가 '생태둥지방' 또는 짧게 '둥지방'이라 이름 붙인 그 카페에서 직원들이 수시로 모여 즐긴다는데, 그리도 바라던 소통이 좀 이뤄지는지 궁금하다.

연구와 교육 그리고 전시 간 협업을 고취하기 위해 직원들이 제안한 '연교전'이라는 프로그램이 있다. 고려대학교 출신 직원들은 사회에서 벌어지던 차별이 생태원에까지 이어졌다며 볼멘소리를 했지만 나는 매우 영리한 작명이라고 생각한다. '연교전'에서 혁신적 아이디어가 많이 나왔고 그중 상당수는 실제로 괄목할 만한 소통 성과를 이뤄냈다.

부서 간 소통을 증진하기 위해 내가 낸 가장 기발한 아이디어는 '원격바'였다. '원격바'는 원격으로 운영하는 바(bar)가 아니라 실은 '원장이 격주로 구워주는 바비큐'를 줄여서 일컫는 이름이다. 원내에 있는 예쁜 게스트하우스의 아늑한 뒤뜰에서 격주로 원장인 내가 직접 앞치마를 두르고 바비큐 파티를 주선했다. 한

"오늘도 원격바 열었습니다."

번에 한 부서에서 한 명씩만 참여하는 걸로 정했다.

업무 공간이 아닌 야외에서 여유롭게 고기를 구워먹으며 서로 이런저런 얘기를 하다 보면 저절로 친해질 수밖에 없는 법이다. 그 후로는 부서를 초월해서 협업할 일이 생기면 원격바에서 만나 친해진 직원들끼리 소통하며 추진하는 걸 관찰할 수 있었다. 이건 스스로 퍽 성공적이었다고 평가한다. 내가 특허를 걸어놓은 것도 아니니 소통을 원하는 조직이라면 어디나 가져다 쓰기 바란다.

넷, 이를 악물고 듣는다

사람이 지위가 높아질수록 제일 하기 힘든 일이 뭘까? 입 다물고 남의 말을 경청하는 일이라고 생각한다. 이명박 대통령이 서울시장을 하던 시절 어느 날, 서울동물원을 생태동물원으로 만드는 일을 자문한다고 사무실로 오라고 했다. 자문을 마치고 떠나는 나를 시장님이 엘리베이터 앞까지 배웅하며 "나는 최 교수만 만나면 아이디어가 샘솟고 너무 좋아. 앞으로 종종 만나세"라며 작별 인사를 하셨다. 나는 다소 무례하게 "시장님, 저를 더는 부르지 마십시오. 전문가라고 부르셨는데 오늘 한 시간이 넘도록 저는 10분도 채 떠들지 못했습니다"라고 말하고 엘리베이터에 올랐다.

그는 이른바 전문가인 내게 질문을 던진 뒤 내가 그저 몇십초 떠들다보면 말을 가로채 장황한 강의를 쏟아냈다. 훗날 대통령이 되어서는 우리 사회에 갈등이 너무 심한 것을 어떻게든 해소해보자는 취지에서 대통령 직속으로 사회통합위원회를 만들었다. 고건 전 총리님을 위원장으로 해서 모두 33인의 민간위원이 위촉됐다. 나는 누가 보더라도 구색 맞추기 차원에서 낀 게 분명했지만 내가 33인 중 최고 극좌파 인사로 분류되어 있다는 소문을 듣고 경악을 금치 못했다. 대한민국 사회에서 환경보전을 부르짖으면 거의 자동으로 좌파로 분류된다. 경부대운하와 4대 강 살리기 사업에 줄기차게 반대 의견을 내는 나 같은 인사도 위원회에 모셨다는 그림을 연출하고 싶었던 것 같다. 그 자리에는 황석영 선생도 있었는데, 내가 황 선생보다 더 극렬한 좌파란 말인가?

사회통합위원회 첫 모임 때 있었던 일이다. 위원들이 청와대 회의실로 들어가기 전 작은 방에 옹기종기 모여 서서 차를 마시고 있었다. 이윽고 도착한 이명박 대통령은 입구에 있는 위원들부터 한 분 한 분 일일이 악수를 하며 덕담을 주고받았다. 나는 그때 인권 운동가로 활약해온 강지원 변호사 바로 다음에 서 있었는데 강 변호사와는 악수도 하고 잠시 담소도 나누시곤 나는 그냥 건너뛰셨다. 내밀었던 손이 민망해 거둬들이려는데 나를 지나처 다음 위원과 악수를 하던 대통령님이 갑자기 돌아보며 "최 교수, 요즘 잘 지내나?"라는 말을 던지곤 걸어갔다. 청와대 수석들의 따가운 시선을 의식하며 나는 대통령의 등 뒤에 "예, 저야 잘 지내죠"라고 대답했다.

회의장에 들어가보니 내 자리는 긴 테이블의 맨 끝 구석이었다. 회의가 시작되자 미리 정해진 위원 세 분의 간단한 발언이 끝나고 이 대통령의 긴 강의가 이어졌다. 참다 못한 나는 손을 들어 발언 기회를 요청했다. 물론 내게 기회는 주어지지 않았지만 만일 주어졌다면 이렇게 말하려 했다. "우리 사회의 오피니언 리더들을 서른세 분이나 모아 이런 위원회를 만들었는데 대통령님은 말씀을 삼가고 위원들의 얘기를 들으셔야 하지 않겠느냐?"라고. 그러고 얼마 후 정부에서 오랫동안 일하며 역대 대통령들을 거의 모두 지켜보신 분을 만난 김에 여쭤보았다. "이 대통령님은 왜 저렇게 말이 많으신가요?" 그랬더니 그분의 답은 역대 모든 대통령이 다 말이 많으셨다는 것이었다. 나는 최규하 대통령도 말씀이 많으셨느냐고 물었다. 그는 잠시도 머뭇거림 없이 "그렇다"라고 답했다.

나는 사르코지(Nicolas Sarkozy) 전 프랑스 대통령을 그리 좋아하지 않았다. 한 나라의 대통령이라면 당연히 갖춰야 할 최소한의 품위는커녕 경박하기 짝이 없는 그가 싫었다. 그러나 2008

년 11월 28일《슬픈 열대(Tristes Tropiques)》를 저술한 구조주의 인류학의 대가 레비스트로스(Claude Lévi Strauss)의 100세 생신에 파리 시내에 있는 그의 집을 직접 방문해 다소곳이 노장의 말씀을 경청하는 사진 한 장을 보며 그를 존경하기로 결심했다.

물론 그는 체격이 그리 큰 사람은 아니지만 등이 둥그렇게 휠 정도로 몸을 낮추고 마치 유치원생처럼 해맑게 웃으며 거장의 말씀에 귀를 기울이는 그의 진솔한 모습에 저절로 고개가 수그러들었다. 우리나라 대통령들은 정치적으로 어려운 상황에 놓이면 뜬금없이 사회 지도자와 종교 지도자들을 청와대로 불러 고언을 듣는 장면을 연출한다. 그런 자리에서도 과연 듣는지 아니면 여전히 설교 수준으로 변명을 늘어놓는지 자못 궁금하다.

리더가 말을 줄여야 함께 일하는 사람들이 창의성을 발휘할 수 있다. 윗사람이 입을 떼는 순간 아랫사람들은 영원히 입을 다문다. 그래서 나는 3년 동안 정말 어금니가 아플 정도로 참았다. 온 세상을 돌아다니며 강의를 해대는 바람에 한때 '국민 강사'라는 별명까지 얻었지만 직원들을 위해 강의를 해달라는 여러 차례 요청에도 절대로 응하지 않았다. 나중에 월례조회에서 그저 10~20분 뼈있는 얘기를 조금씩 하기는 했지만 나는 정말 되도록 말을 줄이기로 굳게 결심하고 지키려 노력했다. 그러나 얼마나 성공했는지는 미지수다.

앞서 밝힌 대로 관람객을 유치하기 위해 전시본부 직원들과 가장 많이 회의를 했던 것 같다. 처음부터 원장이 떠들면 더 많은 직원의 아이디어를 모으는 일이 어렵다는 걸 너무나 잘 알기 때문에 나는 되도록 말을 아꼈다. 그러나 전시 예정일은 자꾸 다가오는데 의견은 좀처럼 모아질 낌새가 보이지 않자 초조한 나머지 조심스레 몇 가지 제안을 했다. 그랬더니 그다음 회의 때에는 토의 자료가 거의 다 내가 한 얘기 일색이었다. 게다가 내가 개입한 전시가 그런대로 무난하게 진행되자 직원들의 입은 점점 더 굳게 닫히기 시작했다. 어차피 원장 생각대로 될 텐데 구태여 애쓰고 머리를 쥐어짤 이유가 없다는 것이었으리라.

직원들의 창의성이 꽃피려면, 조직이 성장하려면, 우두머리 입에 재갈을 물려야 한다. 처음 몇 차례 처참하게 실패하더라도 긴 안목으로 보면 이를 악물고 참으며 실패의 아픔마저 감수해야 한다. 이렇게 떠드는 당사자인 나도 그리 잘하지 못했음을 인정한다. 자신도 못한 일을 드러내놓고 얘기하는 게 뻔뻔한 줄은 알지만 그래도 너무나 중요한 일이라 자가당착의 우를 범하면서도 감히 제안한다.

1970년대 말 내가 유학을 떠날 때 남들은 전부 최첨단 분자생물학을 공부한다는데 기껏 '동물의 왕국'을 공부하러 간다고 하는 바람에, 축복과 격려는커녕 회의와 우려의 소리만 들었다. 그런 걸 하러 미국까지 가야 하는 거냐, 그런 공부를 하고 이다음에 귀국해서 교수 자리를 얻을 수 있겠느냐 등등. 하지만 내가 미국에 있는 동안 서울대학교 생명 관련 학과들이 이른바 개명을 했다. 내가 졸업한 동물학과는 분자생물학과로 개명하고 자연과학대학 최하위 학과에서 하루아침에 가장 인기 있는 학과로 신분 상승을 이뤘으나 미생물학과는 원래 이름이 좋다며 바꾸지 않았다.

그런데 식물학과가 뜻밖에 학과의 새 이름을 생물학과로 정했다. 막상 생물학과로 바꾸고 나니 동물을 연구하는 교수가 필요해졌다. 그래서 때마침 하버드대학교에서 학위를 마치고 미시건대학교에 교수로 부임한 나에게 제안이 들어왔다. 무려 2년을 고민하다 귀국한 나는 동물학과 출신으로 식물학과 출신 교수들 틈에서 불편하게 끼어 있는 상태로 여러 해를 살았다. 대학 시절부터 단짝으로 지낸 동료 교수의 충고로 이제는 장애인을 비하하는 용어라 쓰지 않지만, 그야말로 나는 우리 옛말대로 '귀머거리 3년에 벙어리 3년'으로 살았다. 교수 회의에서는 물론 사석에서도 거의 말을 하지 않고 살았다. 그때 생각에는 내가 높은 자리에 오르면 맘껏 거들먹거리며 떠들고 살 수 있을 줄 알았다. 그랬는데 우두머리가 되니 더 못 들은 척, 더 말 못 하는 척하고 살아야했다. 사람은 모름지기 말을 아끼며 살아야 한다.

다섯, 전체와 부분을 모두 살핀다

국립생태원장으로 선임된 다음 찾아뵌 장안의 경영 고수들은 한결같이 리더는 큰 그림을 그리는 사람이라고 얘기해줬다. 그런데 그중 한 사람만 전혀 다른 얘기를 들려줬다. 리더가 큰 그림을 보는 건 당연한 일이지만 전체를 보느라 부분을 챙기지 않으면 조직이 어디로 굴러가는지 미처 모르고 있다가 낭패를 볼 수 있다는 것이었다. 악마는 언제나 디테일에 있다는 얘기다.

이 얘기를 해준 사람이 바로 아모레퍼시픽의 서경배 회장이다. 나는 그의 말을 허투루 듣지 않았다. 마땅히 미래에 대한 비전을 세우고 나아갈 방향을 잡는 일을 소홀히 하지 않으면서 세부적인 내용도 꼼꼼히 살폈다. 초창기 몇 달간은 결재를 당일에 하지 않고 서류들을 싸들고 관사로 돌아가 밤새 읽었다. 읽다보니 '빨간 펜 선생' 기질이 발휘되어 맞춤법과 띄어쓰기는 물론 어색한 표현까지 교정해 돌려주었다. 나는 친절한 원장이 되려 했는데 직원들은 꼬장꼬장한 상관이 왔다며 긴장하는 눈치가 역력했다. 꼬장꼬장하게 몇 달을 귀찮게 했더니 기안과 공문의 글쓰기가 몰라보게 향상된 걸 느낄 수 있었다.

원장으로서 내가 큰 그림으로 제시해 국립생태원의 미래상으로 어느 정도 자리를 잡은 몇 가지를 소개한다. 미국 국립보건원(NIH, National Institute of Health)은 벌써 35년이 넘도록 생물의 유전자 정보와 관련 단백질 구조 정보를 모으고 있다. 젠뱅크(GenBank)라고 부르는 이 데이터베이스는 1982년 로스앨러모스 국립연구소(LANL, Los Alamos National Laboratory) 연구원 고드(Walter Goad)의 제안으로 시작돼 분자유전학(molecular genetics)을 21세기 최고 과학 분야로 만드는 데 기여했다.

생물의 유전정보를 분석해낸 연구자라면 누구나 이 데이터베이스에 정보를 입력하게 되어 있지만 데이터에 대한 접근을 완벽하게 개방한 덕에 자신은 한 톨의 정보도 기여하지 않은 연구자라도 아무런 제재 없이 남들이 모아준 데이터를 가져다 분석해 논문을 쓸 수 있다. 이 덕에 온갖 학자가 다 덤벼들어 논문을 쓰는 바람에 분자유전학이 학문의 꽃으로 활짝 필 수 있었다.

이런 과정을 흥미롭게 지켜보던 나는 20여 년 전 어느 국제학회에서 유전정보만 모으지 말고 생태정보도 모을 때가 됐다고 목청을 높였다. 나는 그 데이터베이스를 에코뱅크(EcoBank)라 명명했다. 그러나 나는 아이디어만 던졌을 뿐 이런 거대 프로젝트를 구현할 능력은 없어 세월만 흘려보냈다. 그러는 동안 생물다양성을 비롯한 생태계 정보는 세계 각국 또는 지역마다 모으기 시작했다. 이제 문제는 중구난방으로 온 사방에 구축된 정보가 호환될 수 있도록 시스템을 만드는 일이었다.

나는 국립생태원장이 되자마자 에코뱅크 구축을 생태원의 한 축으로 삼자고 제안했다. 더 정확히 말하면 이제는 에코구글(EcoGoogle)을 만들 때가 된 것이다. 만일 국립생태원이 이 프로젝트를 성공시킨다면 미국 국립보건원(NIH)이 분자유전학의 메카가 된 것처럼 한국 국립생태원(NIE)이 언젠가 세계 생태학의 메카로 우뚝 설 수 있으리라 기대해본다.

에코뱅크에 대한 생각이 내 머리에 꽉 차 있던 국립생태원 초창기에 생물다양성과학기구(IPBES, Intergovernmental Platform on Biodiversity and Ecosystem Services)가 창설되어 세 태스크 포스(TF, Task Force) 각각에 대한 기술지원국(TSE, Technical Support Unit)을 공모한다는 공고가 떴다. 이제 막 문을 연 신설 기관으로서 언감생심 꿈도 꾸지 말라는 소리에 아랑곳하지 않고 나는 도전을 결정했다. 그때만 해도 직원이 몇 안 되는 조직이 거의 100쪽에 달하는 영문 지원서를 작성하느라 많이 힘들었다. 그러나 결과는 달콤했다. 우리가 셋 중 가장 중요한 '지식과 데이터 태스크 포스(Knowledge and Data TF)'의 기술지원국을 유치하는 데 당당히 성공했다. 주무기관인 환경부도 놀란 쾌거였다.

얼마 후 독일 본(Bonn)에 있는 본부에서 열린 회의에 전문가 자격으로 참석했다. 회의 내내 수시로 'NIE'라는 우리 국립생태원의 이름이 거론되어 은근히 뿌듯했다. 기술지원국을 갖고 있는 기관이다보니 우리가 준비한 자료를 검토하는 과정에서 자연스레 자주 언급된 것이다. 잠시 쉬는 시간에 한쪽 구석에 마련된 차를 준비하는데 외국 대표들이 내게 다가와 국립생태원이 언제 만들어진 기관이냐고 물었다. 차마 작년에 설립됐다고 실토할 수 없어 얼버무렸다. 얼마 안 됐다고.

그런데 그중 한 친구가 얼마 안 된 게 얼마나 얼마 안 된 거냐고 꼬치꼬치 캐묻는 바람에 할 수 없이 설립된 지 1년이 채 안 된 기관이라고 고백했다. 그랬더니 수십 년 역사를 지닌 자기네 연구소가 우리와 경합해서 졌다는 얘기냐며 노골적으로 불만을 터뜨렸다. 그렇다고 해서 내가 무릎 꿇고 용서를 빌 수는 없는 일이고 해서 나는 유머로 풀기로 하고 그 친구 어깨를 치며 툭 한마디를 던졌다. "그러길래 지원서를 잘 쓰지 그랬어."

솔직히 역사가 일천한 국립생태원이 그런 기술지원국을 운영한다는 것은 어떤 기준으로 보나 무리였다. 그러나 우리는 당당히 도전했고 성공했다. 경험도 부족하고 인력도 충원되지 않은 상태에서 무리한 도전을 시도해 직원들을 힘들게 한 점은 원장으로서 미안하지만 때로는 이렇게 매를 맞으며 크는 것이라고 생각했다.

그러던 중 2014년 가을 우리나라에서 생물다양성협약(CBD, Convention on Biological Diversity) 제12차 당사국총회가 열렸다. 강원도 평창에서 열린 이 총회에서 나는 당시 환경부 장관의 요청으로 대체 의장직을 수행했다. 그게 이어져 2016년 12월 멕시코에서 제13차 당사국총회가 열릴 때까지 2년 동안 의장으로서 임무를 수행했다. 의장으로서 나는 생물다양성협약본부가 있는 캐나다 몬트리올을 비롯해 멕시코, 말레이시아 등에서 각종 회의를 주재했다. 그러나 내가 의장이라는 것은 국립생태원이 의장기관으로서 임무를 수행했다는 얘기다.

지금 세계 생물다양성 관련 국제 업무는 생물다양성협약과 생물다양성과학기구로 양분되어 있다고 해도 지나친 말이 아니다. 우리의 무모한 도전과 때맞춰 벌어진 국제 행사 덕택에 국립생태원은 신설된 지 얼마 되지도 않아 제 앞가림도 제대로 못할 나이에 감당하기 버거운 국제 업무를 담당해 처리하느라 자기도 모르는 사이에 훌쩍 클 수밖에 없었다. 환경 관련 국제무대에서 대한민국의 국립생태원은 확실한 위상을 확보하는 데 성공했다. 이런 큰 그림은 제법 잘 그렸다고 자부한다.

내부적으로 그린 큰 그림으로는 두 가지만 언급한다. 국립생태원이 구상 단계에서부터 건립 그리고 존립에 이르기까지 끊임없이 들어야 했던 질문이 하나 있다. 바로 정체성에 관한 질문이다. 생태원이 식물원, 동물원 또는 자연사박물관과 어떻게 다르냐는 것이었다. 이 질문에 대한 설득력 있는 답변은 건립 예산을 확보하는 단계에서 더할 수 없이 중요했지만 일단 건립되고 난후에도 쉬지 않고 이어졌다. 똑같은 질문이 관람객들 입에서도 터져나왔다. 식물원이나 동물원, 자연사박물관에 비해 생태원이라는 이름이 너무 생소했던 것 같다. 이 질문은 국립생태원의 전시를 규정하는 토대이기도 했다. 둘러보면 온갖 다양한 식물이 심어져 있으니 식물원처럼 보이고, 가끔 동물도 눈에 띄니 동물원 같아 보일 수도 있다. 인정하기 부끄럽지만 극지관 도입부에 늘어서 있는 박제 전시물을 보면 자연사박물관이 연상된다.

그래서 나는 오랜 고민 끝에 우리 국립생태원의 전시를 우선 '생태 전시'로 규정하기로 했다. 생태 전시가 무엇이냐는 직원들의 질문에 나는 우리가 아프리카 세렝게티국립공원을 옮겨오면 생태 전시를 선보일 수 있다는 다소 엉뚱한 대답을 했다. 세렝게티국립공원에는 다양한 식물이 자라고, 그걸 먹고 사는 초식동물들이 있다. 또 그들을 잡아먹는 치타와 사자 같은 포식동물이 있다. 그들이 연출하는 관계 맺음이 바로 생태다. 함께 사는 동식물들의 관계 맺음을 보여줄 수 있으면 그게 바로 생태 전시라고 설명했다. 국립생태원은 그냥 세계 각지에서 가져온 식물들을 심어놓고 그들이 어디에서 온 누구라고 설명하는 수준에서 멈추면 안되고 그들이 생태계 구성원으로서 다른 생물들과 어떤 관계를 맺고 사는지를 전시해야 한다고 역설했다.

일단 이해는 시켰지만 어떻게 실행에 옮길지는 간단하지 않았다. 그래서 나온 전시가 바로 개미 전시였다. 개미는 작은 공간에서도 충분히 그들의 생태와 행동을 보여줄 수 있기 때문이다. 우리는 우선 학습 삼아 개미 전시에 도전해보기로 했다. 과정은 어려웠지만 결과는 대성공이었다. 개미 전시는 국립생태원의 대표 전시가 되었고 생태 전시의 표본이 되었다.

나는 생태 전시와 더불어 두 가지 전시 개념을 추가했다. '연구 전시'와 '교육 전시'가 바로 그것들이다. 국립생태원의 업무가 연구, 전시, 교육으로 나뉘어 있지만 이 셋을 독립적으로 추진하는 것이 아니라 서로 연계해 시너지 또는 창발 효과를 만들어내야 한다는 의미가 담겨 있다.

제대로 된 연구 전시를 이끌어내기 위해 나는 임기 2년차 후반부에 환경부의 엄청난 저항을 극복하고 조직 개편을 단행하며 그때까지 전시운영본부에 속해 있어 전시 일정에 끌려다니며 뒤치다꺼리나 하던 식물관리처와 동물관리처를 분리해내 생물관리연구본부를 신설했다. 드디어 연구기관으로서 국립생태원이 보유하고 있는 동식물을 과학적으로 관리하고 연구할 수 있게 되었다. 비록 다른 본부로 분리되었다고는 해도 여전히 협업으로 전시를 준비해야 하는 두 본부는 자연스레 연구 전시를 추구하게 되었다고 생각한다. 게다가 연구본부에 있던 연구원도 이 두 본부에서 일할 수 있도록 융통성 있는 인사제도도 만들어나갔다.

이와 달리 교육과 전시는 오히려 따로 떼놓을 게 아니라 한 본부로 묶는 게 더 효율적일 것 같아 전시교육운영본부로 개편했다. 국립생태원이 마련하는 전시는 그저 웃고 즐기는 데 그치지 말고 반드시 수준 높은 교육의 가치를 구현해야 한다는 게 교육전시의 취지다. 생태 전시, 연구 전시, 교육 전시는 규정하기 힘들었던 국립생태원의 정체성을 정립하는 데 기여했다.

평생 교수로 살며 제자들에게 제일 자주 한 말이 뭘까 생각해봤다. 아마 "쓰는 놈이 왕이다"일 것 같다. 나는 학생들에게 왜 논문을 써오지 않느냐고 직접 다그치지는 않지만 이 말로 은근히 압박한다. 학자는 결국 논문과 저서로 평가받는다. 아무리 능력이 넘치고 열심히 연구했어도 글로 써내지 않으면 아무도 인정해주지 않는다. 이 말은 스스로에게 하는 말이기도 하다. 내 첫 논문이 나온 해가 1982년이니 지난 35년 동안 나는 이 말을 스스로 되뇌며 참으로 열심히 줄기차게 글을 쓴 것 같다. 국제학술지에 발표한 논문만 120편이 넘고 펴낸 책도 저서, 역서, 공저, 편저를 합해 거의 100권에 육박한다. 나는 결코 우리나라 과학자 중 최고가 아니다. 내가 다른 많은 과학자보다 널리 알려진 이유는 책을 많이 썼기 때문이다. 아인슈타인 이래 가장 대단한 물리학자로 사람들이 파인만(Richard Feynman)을 꼽고, 그 많은 생물학자 중에서 도킨스(Clinton Richard Dawkins)를 기억하는 이유와 마찬가지로. 쓰는 놈이 단연 왕이다.

"너희 원장 자기 책 내려고 그러나?"는 환경부 직원의 비아냥을 들어가며 나는 좌우 살피지 않고 다짜고짜 출판문화부를 만들었다. 다른 건 내세우지 못해도 내게 책을 써달라는 출판사는 줄을 섰다. 그런 비판 따위는 전혀 겁나지 않았다. 다만 예산을 마련할 수 있을까, 그리고 일할 사람이 있을까 걱정스러웠다. 다행히 출판 업무를 해본 직원이 있었다. 그를 불러 내 뜻을 밝히고 의사를 타진해봤다. 사실 그는 출판 일을 그만하고 싶어 생태원에 들어왔다고 했다. 하지만 그는 나의 진심을 읽고 흔쾌히 수락했다. 처음에는 작은 출판팀으로 출발했다. 여건도 되어 있지 않고 의욕도 파악하지 않은 상황에서 나는 어쭙잖게 무리한 요구부터 내놓았다. 평소 나답지 않게 물량공세를 주문했다. 질을 담보하면서도 가능한 한 빠른 시일 안에 많은 책을 내달라고 떼를 썼다. 머지않은 장래에 대한민국 자연에 관해 질문이 있는 사람들이 참고할 만한 책이라고 집어 들기만 하면 죄다 국립생태원에서 나온 책인 상황을 만들고 싶다고 내 포부를 밝혔다. 그게 바로 국립생태원의 위상을 확보하는 가장 탁월한 길이라고 믿었기 때문이다.

출판팀은 현명하게도 회의를 거쳐 우선 어린이책으로 승부를 보겠다고 했다. 좋은 생각이었다. 그리고 적중했다. 첫해에 세 권을 출간했는데《생태 돋보기로 다시 읽는 이솝 우화》는 〈한국일보〉 어린이책 대상을 수상했다. 지금 국립생태원 출판문화부는 어린이책에서 학술서적까지 다양하고 수준 높은 책들을 펴내고 있다. 처음에는 조금 주저하던 연구원들도 이제는 집필을 긍정적으로 고려하고 있단다. 국립생태원에서도 곧 쓰는 놈이 왕이 될 것이다.

일을 하다 보면 큰 그림은 그것대로, 디테일 또한 어려움이 만만치 않다. 처음 맡아본 경영자라는 자리에서 모든 걸 하나하나 직접 들여다보겠다고 덤비다 보니 부작용도 적지 않았다. 국립생태원장으로 부임해 일하던 초창기 어느 날이었다. 회의 중 모두가 쓰는 용어 하나가 도저히 무슨 뜻인지 모르겠어서 아무 생각 없이 그게 무슨 말이냐고 물었다. 순간 회의실 안에 있던 모든 눈이 동시에 나를 향했다. 마치 SF 영화의 한 장면 같았던 그 순간을 나는 지금도 잊지 못한다. 그러더니 그 모든 눈은 다시 제자리로 돌아가 서로를 쳐다보기 시작했다. 나는 그 표정이 무얼 의미하는지 분명히 알았다. 이런 용어도 모르는 사람을 원장으로 모시고 앞으로 어찌 살아야 할지 까마득하다는 표정이었다. 그

후에도 여러 차례 나는 이런 민망한 질문 공세를 이어갔다. 학자는 모르는 걸 아는 척하며 나아갈 수 없다. 반드시 이해해야 다음 단계로 넘어갈 수 있다. 모르는 건 모른다고 하고 배워나가야 학문을 계속할 수 있기 때문이다.

내 권위는 끝도 모르게 추락했지만 경영 공부도 학문하듯 한 단계씩 확인하고 공부하며 쌓아갔다. 부분과 전체를 아우르는 작업은 최고경영자 개인에게는 엄청난 부담이지만 난생처음 경영을 책임지게 된 내게는 그 무엇보다도 귀한 경험이었다.

그러나 부분과 전체를 모두 챙긴다면서 절대로 저지르지 말아야 할 실수는 자기가 모든 일을 실제로 다하는 것이다. 과감하고 슬기롭게 일을 나눌 줄 알아야 한다. 직접 해야 할 일과 위임할 일을 현명하게 구분해야 한다. 위임(Delegation)의 묘를 살릴 줄 모르면 리더로서 몸과 마음 모두를 잃는다. 나는 대학 시절 과대표와 학도호국단 문예부장에 온갖 동아리 회장 자리까지 꿰찬 채 교실 안보다는 밖에서 훨씬 바쁘게 살았다. 돌이켜보면 나는 그 당시 위임이란 걸 할 줄 몰랐다. 거의 모든 일을 혼자 다 하느라 몸은 몸대로 지치고 마음은 마음대로 서운했다. 그러나 오랜 미국 생활에서 배운 값진 교훈 중 하나가 바로 위임의 지혜다. 생태원장이 되기 전에 조직의 리더로서 내가 갖추고 있던 유일한 덕목이 바로 위임이었다.

작은 것을 탐하다 큰 것을 잃는다는 의미의 사자성어 소탐대실(小貪大失)을 나는 좀 더 적극적으로 해석하여 대탐소실(大貪小失)을 실천하며 산다. 큰일을 하려면 작은 걸 수시로 포기해야 한다. 리더가 자꾸 작은 일에 간섭하고 사사건건 지적하기 시작하면 일단 일의 진전이 느려지고 서서히 아무도 책임을 지려 하지 않는다. 대학교수로서 결코 작지 않은 연구실을 운영하며 살았는데 학생들의 자율성과 창의성을 막는 소탐대실 행위는 어떻게든 저지르지 않으려 노력했다. 생태원장이 되어서도 이를 한시도 잊지 않았다. 내 뜻대로 일해주지 못하는 직원을 볼 때마다 마음이 새카맣게 타들어가기 일쑤였지만 꾹꾹 누르며 살았다.

나는 무슨 일을 하든 함께 일하는 사람들에게 일을 나눠 맡기고 절대적인 신임을 보인다. 설령 누군가가 결정적인 실수를 저질러 업적에 손해를 끼쳤더라도 내가 직접 했더라면 더 나았을 것이라는 환상은 품지 않는다. 어차피 이 세상은 개인의 집합이다. 아무리 한 팀이라도 실패는 실패한 자의 몫이다. 위임에 따른 결과에 결코 연연하지 않는 내 스타일은 처음으로 막중한 임무를 맡은 내게 분명히 큰 도움이 되었으리라 믿는다.

여섯, 결정은 신중하게, 행동은 신속하게

리더의 가장 중요한 임무는 무엇보다 결정을 내려주는 것이다. 사람들의 유형을 흔히 돈키호테와 햄릿으로 나누는데, 이 구분을 그대로 리더의 분류에 적용하는 것은 위험하다. 나는 리더십에 관한 강의를 할 때 리더의 덕목을 다음 셋으로 규정한다. 우선 리더(leader)는 리더(reader)여야 한다. 책을 읽지 않는 사람은 일단 리더로서 자격이 없다. 리더는 조직의 그 누구보다 많이 알아야 한다. 쓸데없이 자질구레한 것들을 미주알고주알 다 꿰고 있을 필요까진 없을지 모르지만 사태의 전후좌우는 확실하게 파악해야 하고 이런저런 위기를 해결해낸 선지자들에 대해 폭넓은 지식을 갖고 있어야 한다. 그러려면 리더는 무엇보다 책을 가까이하는 사람이어야 한다. 그리고 리더는 생각하는 사람(thinker)이어야 한다. 생각을 깊이 할 줄 모르고 경거망동하는 사람이 조직의 리더가 되면 본인의 인생만 망치는 게 아니라 애꿎게 함께하는 많은 사람의 인생도 한꺼번에 수렁에 처넣을 수 있다. 마지막으로 리더는 책도 많이 읽고 생각도 깊이 해서 나아가야 할 길을 찾아줘야 한다. 리더는 길잡이(pathfinder)여야 한다.

이런 차원에서 돈키호테는 애당초 리더로 어울리지 않는다. 일단 돈키호테 유형의 사람들은 리더로서 자격이 없다. 리더의 경거망동은 조직의 운명은 물론, 그 피해가 조직원 모두에게 확산된다. 그러나 지나친 햄릿도 조직에 도움이 되지 않는다. 리더가 너무 오래 생각만 하고 결정을 내려주지 않으면 업무가 멈춰

선다. 생태원 초창기에 나는 미처 업무 파악이 안 된 상태에서 보고를 받자마자 그 자리에서 결재하기를 꺼려했다. 그러나 절대로 오래 끌진 않았다. 기안한 직원에게 하루만 시간을 달라고 요청했다. 저녁시간에 관사에서 꼼꼼히 읽어보았다. 이튿날 사무실에 돌아오면 서류를 작성한 담당 직원을 불러 내가 수정한 부분에 대한 간단한 설명도 했고, 내가 잘 모르는 부분은 일일이 질문하고 답을 들었다. 사안이 심각해 외부의 자문이 필요하다거나 담당 정부 부처와 좀 더 면밀한 조율이 필요한 경우가 아니면 대개 하루 이틀 내로 결정해 알려줬다. 결심은 당연히 신중하게 해야 하지만 결정은 가능한 한 신속하게 내리려 노력했다.

제33대 미국 대통령 트루먼(Harry S. Truman)의 책상 위에는 "The buck stops here!(모든 책임은 내가 진다)"라는 푯말이 놓여 있었다. 미국의 각 주는 제가끔 애칭을 갖고 있다. 뉴멕시코(New Mexico)는 '마법의 땅(The Land of Enchantment)'이라는 별명을 갖고 있고 유타(Utah)는 '벌통 주(The Beehive State)'로 불린다. 트루먼 대통령은 '보여줘야 믿겠다(Show me)'는 애칭을 지닌 미주리(Missouri)주 출신이다. 확신이 설 때까지는 시간이 걸릴지 모르지만 일단 결정하고 나면 전적으로 책임진다는 의지의 표현이다.

나도 이 말을 늘 가슴에 새기고 일했다. 원장이 직접 나서면 오히려 일을 그르친다고 극구 만류해서 멈춘 적은 있지만, 모든 책임은 궁극적으로 내게 있음을 분명히 했고 절대로 직원들 뒤로 숨지 않았다. 최종 책임이 어차피 내게 있다고 생각하니 결정을 내리기가 그리 어렵지 않았다. 나의 잘못된 결정으로 애꿎게 다른 사람이 피해를 볼까 그게 두렵지 내가 곤경에 빠지는 것은 스스로 저지른 일의 대가라 생각하니 오히려 마음이 편했다.

그래도 결심을 거의 굳힌 상태에서 나는 언제나 한 차례 더 멈춤의 시간을 가진다. 역지사지의 방법으로 내 결정이 불러올 파장을 다시 한번 검토하는 시간을 가진다. 아무리 간단해 보이는 일이라도 잠시 한번쯤 묵혔다 가는 방식은 내가 오래전부터 해오던 나만의 삶의 방식이다. 삶의 여정에서 바로 이 방식 때문에 나는 큰 과오 없이 잘 살아온 것 같다. 잠시 멈춘 이 한 템포 속에서 때로 전혀 예상치 않았던 새로운 국면이 벌어져 내 결정을 수정할 수 있었던 적이 한두 번이 아니었다. 그 짧은 한 박자 동안 끓어오르던 마음을 가라앉혀 쓸데없이 일을 키우지 않아도 되었던 적도 여러 번 있었다. 나는 자동차 운전을 할 때에도 이를 습관처럼 지킨다. 차선 변경을 결정한 다음 꼭 한 박자 쉬어간다. 사각지대에 있던 차가 모습을 드러내 가슴을 쓸어낸 적이 여러 차례 있었다. 모름지기 돌다리도 두드려보고 건너라 했다.

일곱, 조직을 위해서라면 기꺼이 치사하게

국립생태원으로 출근한 첫날, 나는 본부장들을 비롯한 여러 직원과 함께 경내를 둘러보았다. 내가 기획했던 것보다 훨씬 더 멋지게 잘 지어진 시설도 있었지만 대부분은 솔직히 실망스러웠다. 2008년 1년을 송두리째 바치며 수많은 전문가의 생각을 통섭해 기획한 것들이 건립 단계에서 무참하게 무시된 현장을 둘러보며 가슴 한복판이 무너져 내리는 느낌이었다. 나의 실망은 어린이 놀이터(하다람놀이터)에서 드디어 주체할 수 없는 분노로 폭발하고 말았다. 나는 좀처럼 남들 앞에서 화를 내는 법이 없는데 자연 생태를 보전하고 교육해야 하는 국립생태원 한가운데에 얄궂은 동물 캐릭터들로 만들어진 형형색색의 놀이시설을 바라보며 그만 거친 말들을 내뱉고 말았다. "이런 유치한 시설을 다른 곳도 아닌 국립생태원에 만들 생각을 한 놈은 도대체 두뇌가 어떻게 생겨먹은 놈이냐?"며 씩씩거렸다. 이듬해 봄 개장한 지 몇 달 후 관람객 추이에 관한 보고가 있었다. 뜻밖에도 가장 인기 있는 시설은 단연 하다람놀이터였다. 아이들이 너무 좋아해 입장해서 그곳부터 들르면 자칫 다른 곳에는 가보지도 못하고 귀가해야 한다는 것이었다. 그로부터 얼마 후 회의 중 내 입에서 튀어나온 치사한 말. "우리 놀이터 하나 더 만들면 안 될까요?"

내 화를 돋우다가 결국 나를 웃게
만든 어린이 놀이터

정부조직이나 산하기관에서
일하면서 힘든 일 중 하나는 역
시 국정감사를 비롯해서 국회
에 불려가는 일일 것이다. 나는 이 점에서 참 운이 좋았다. 국립
생태원은 국회 환경노동위원회 소속인데 나는 박근혜 정부에서
임명한 차관급 기관장이어서 여당 의원들은 특별히 나를 공격할
의사가 없어 보였다.

원래는 야당 의원들의 공격을 받아야 하는데 나는 비록 보수
정권에서 임명하긴 했어도 태생적으로 진보 성향이란 걸 잘 아는
야당 의원들 역시 나를 그다지 심하게 몰아붙이지 않았다. 정의
당 심상정 의원은 설악산 케이블카 설치 문제에 대해 국립생태원
장이 아니라 생태학자로서 개인 의견을 얘기할 수 있느냐고 묻고,
곧바로 곤란하면 답하지 않아도 좋다는 배려까지 보여줬다. 나는

곤란하다고 답하며 불편한 자리를 모면할 수 있었다. 정작 나는 이처럼 잘 보호받았는데 처음 국회에 출석한 날 우리 생태원 직원들은 하루 종일 복도에서 마음을 졸였다고 한다. 내가 회의 중 의원들의 부당한 대접을 참지 못해 박차고 뛰쳐나올까 두려웠단다. 두어 차례 '위기'가 있었지만 나는 잘 참아냈다. 조직의 안위와 실리를 위해서라면 나는 무엇이든 기꺼이 할 준비가 되어 있었다.

기관장의 가장 중요한 임무는 뭐니 뭐니 해도 예산을 충분히 확보하는 것이다. 기획재정부 예산실장을 만나러 갔던 일이 생각난다. 이 역시 난생처음 해보는 일이라 쉽지 않았다. 기획재정부 좁은 복도에서 역시 예산실장을 만나러 온 다른 많은 사람과 30분이나 서서 기다려 드디어 차례를 얻었다. 내게 주어진 시간이 많지 않은 만큼 나는 자리에 앉자마자 예산의 필요성을 설명하기 시작했다. 들고 간 세 꼭지 중에서 이제 막 첫 꼭지를 얘기하는데 그는 펄럭펄럭 소리를 내며 우리가 만들어간 자료를 넘겨보기 시작했다. 그러더니 맨 마지막 페이지를 들여다보며 다짜고짜 "원장님, 신설기관이 무슨 건물을 지어달라는 겁니까?"라며 퉁명스럽게 쏘아붙였다. 그러더니 다 훑어봤다는 의미로 자료집을 덮어버렸다. 설명할 기회조차 잃는 게 아닌가 나는 무척 당황스러웠다.

그래도 간단하게나마 설명할 기회를 달라고 애걸했다. 듣고 싶어 하지도 않는 사람을 설득하겠다는 시도처럼 처량한 일도 그리 많지 않겠다 싶었지만 나는 필사적으로 설명을 이어갔다. 예산을 더 많이 확보할 수만 있다면 나는 기꺼이 무릎도 꿇을 용의가 있었다. 나 개인을 위해서는 아마 절대로 하지 않겠지만 조직을 위해서라면 치사해질 준비가 되어 있었다.

대학 시절 '성심 포이에시스'라는 동아리에서 회장을 맡아 일했던 기억이 난다. 어느 가을날, 우리는 남이섬으로 야유회를 갔다. 그 당시에는 지금처럼 교통편이 원활하지 않아 서울로 돌아올 길이 막막했다. 여학생들은 외박은 절대 안 된다며 걱정이 이만저만 아니었다. 서울로 향해 뻗은 길가에 모두 웅크리고 앉아 방법을 궁리하는데 트럭 한 대가 다가오는 걸 발견한 나는 벌떡 일어나 길 한가운데로 뛰어나가 트럭을 막아 세웠다. 우리는 모두 달려들어 기사 아저씨에게 태워달라고 애걸했다. 기사 아저씨는 짐을 싣는 차판에 사람을 태우면 위법이라며 그냥 가려고 했다. 해는 뉘엿뉘엿 져가고 여남은이나 되는 회원을 어떻게든 서울로 데려가야 한다는 생각에 나는 달리는 트럭의 차문에 매달렸다. 그런 채 족히 300~400m를 매달려가며 그냥 계속 빌고 또 빌었다.

자칫 위험할 수 있는 내 행동을 지켜보던 친구들은 내가 끝내 허락을 받아내 트럭을 되돌리자 환호성을 내질렀다. 우리는 트럭 차판에 쪼그리고 앉아 때로는 바닥에 납작 엎드려 숨으며 서울로 향했다. 연신 떠들지 말라고 당부하던 기사 아저씨는 망우리 근처

서울 시내버스 정류장에 우리를 내려줬다. 멀어져가는 트럭을 향해 우리는 수도 없이 여러 차례 절을 했다. 나 자신의 안위와 행복을 위해서는 이렇게까지 집요하게 매달려본 적이 없지만 조직을 위해서라면 언제든 무릎도 꿇고 한없이 치사해질 용의가 있다.

조직을 위해서라면 고집스럽게 지켜온 삶의 철칙도 조금 구부릴 수 있다. 사람들은 내게 종종 "텔레비전에서 잘 보고 있습니다"라는 인사를 건넨다. 최근 텔레비전 강연을 한 적이 없는데 하며 알고 보면 재방송이 만만치 않게 잦은가 보다. 텔레비전에 얼굴을 자주 비추면 거의 '준연예인' 취급을 받는다. 그러나 나는 줄곧 하나의 원칙을 지키며 살았다. 나는 단 한 차례도 이른바 연예 프로그램에 출연한 적이 없다. 나는 오로지 텔레비전에서 강연과 심층 인터뷰만 했고 어쩌다 다큐멘터리에서 전문가 의견을 말한 게 전부다. 나는 그동안 개그맨과 함께 프로그램을 진행하는 엠시(MC)가 돼달라는 요청도 두 번이나 받았다. 나는 올곧게 이런 모든 요청을 고사하며 살아왔다. 그 덕에 학자로서 그런대로 온전한 이미지를 유지할 수 있었던 것 같다.

그런데 국립생태원장이 된 뒤로 이 고집도 꺾었다. 이금희 아나운서가 진행하던 '아침 마당'에 출연해 개미 강연을 하고 우리가 준비한 개미세계탐험전도 광고했다. 이금희 아나운서와는 오래전 '파워 인터뷰'라는 프로그램에서 만나 인연을 맺었다. 당대 최고 아나운서였지만 내가 기획한 모금 행사에도 와서 무료로 사회를 봐주기도 했다. 하지만 그는 내가 절대로 연예 프로그램에는 나가지 않는다는 걸 잘 아는지라 피디(PD)들이 나를 섭외하려 들 때마다 나서서 말린 것으로 알고 있다. 그런 내가 국립생태원을 홍보하기 위해 먼저 연락하고 자원했을 때 놀라움을 금치 못하던 이금희 아나운서의 목소리를 잊지 못한다. 조직을 위해서라면 나를 조금 무너뜨려도 좋다고 생각했다.

조직을 위해서 기꺼이 적극적이고 자발적으로 시작한 나의 '을질'은 홍보대사 초청으로 이어졌다. 2014년 봄 어느 날 인기 리얼리티 프로그램 '정글의 법칙'에서 두 연예인이 보르네오 바다에서 잡은 해삼을 먹고 심하게 구토하는 장면을 보며 기겁했다. 현생 인류가 600만 년의 진화 역사 동안 온갖 시행착오를 거치며 점진적으로 구축한 식단을 무지해서 용맹스러운 대한민국의 연예인들이 단숨에 내던진 결과, 쓰러지는 모습을 보며 참다못해 내 〈조선일보〉 칼럼에 글을 썼다. 우리가 지금 먹고 있는 살코기는 오랜 세월 육질뿐 아니라 독성도 다스린 것들이다. 야생동물을 그대로 먹는 것은 자살 행위에 가깝다. 이러다 누구 한 사람 죽어나가야 프로그램을 멈출 것이냐며 통렬하게 비판했다.
다양한 생명체가 한데 어우러져 살아가는 정글의 아름다움을 노래한 책《열대예찬》의 저자로서 나는 '정글의 법칙' 제작진에 이전에도 이 문제를 제기한 적이 있다. 지금이 어느 때인데 '슬픈 열대'를 부르짖느냐고. 열대생물학자의 눈에 그들이 보여주는 정글은 진정한 열대의 정글이 아니라고. 그리고 그들이 말하고 싶어 하는 법칙이 무엇인지 잘 모르겠지만 단언컨대 그건 정글의 법칙이 아니라고. 열대의 정글에는 경쟁과 포식뿐 아니라 풍요와 공생의 여유도 존재한다고. 그랬더니 어느 날 내 연구실로 PD와 함께 개그맨 김병만 씨가 찾아왔다. 사과와 아울러 진지하게 조언도 구하는 그에게서 나는 신선한 진지함을 보았다. 2014년 코스타리카로 촬영을 떠나기 앞서 공생과 풍요의 열대를 그려낼 아이디어를 얻기 위해 생태원으로 나를 다시 찾은 그에게 나는 언제 버럭 했냐며 시치미 뚝 떼고 국립생태원 홍보대사가 돼달라고 매달렸다. 그는 잠시 사양하다 선선히 내 제안을 받아들였다. 국내외로 일정이 만만치 않은 그로서는 쉽지 않은 결정이었겠지만 막무가내로 매달리는 나를 뿌리치지 못했으리라.

연예인을 홍보대사로 영입하는 데 성공한 나는 좀 더 차분한 중장년층을 공략할 수 있는 홍보대사가 누굴까 생각해보았다. 《현의 노래》, 《칼의 노래》, 《남한산성》 등 우리 시대 최고의 소설과 더불어 《자전거 여행》이라는 산문집도 낸 김훈 작가라면 국립생태원 이미지에 가장 잘 어울릴 것이라 생각했다. 2008년 한 해

내내《현대문학》에 연재를 하는 동안 박완서, 최승호, 은희경, 김영하 등 제법 많은 문인을 만났지만 김훈 선생은 한 번도 뵌 적이 없었다. 그래도 무작정 들이댔다. 거절하시면 또 막무가내로 매달릴 각오를 하고. 그런데 뜻밖에도 선생은 대번에 흔쾌히 수락해주셨다. 게다가 첫 만남에서 선생은 내 책 제목들을 줄줄 꿰고 내용에 관한 질문도 하며 당신이 내 팬이라고 하셨다. "어휴, 선생님. 제가 선생님의 열렬한 팬이지요." 우리 셋은 나중에 훈훈한 토크콘서트까지 열며 국립생태원을 홍보하려고 함께 뛰었다.

어쩌다보니 홍보대사가 전부 남자라는 질책에 고민하던 어느 날, 국립생태원 홍보 차원에서 한 텔레비전 강연에 패널로 출연한 방송인 설수현 씨를 만났다. 평소 내 열혈 팬이라며 책까지 가져와 사인을 받는 설수현 씨에게 나는 다짜고짜 국립생태원 홍보대사가 돼달라고 요청했다. 촌음의 머뭇거림도 없이 그는 초청해주셔서 고맙다며 환하게 웃었다. 미인대회 출신이라 미모는 당연히 출중하지만 마음도 고운 것 같아 호감을 갖고 있었는데 정말 고마웠다.

김훈, 김병만, 설수현 세 홍보대사를 확보하고 나니 좀 더 젊은 연령대를 담당할 사람이 하나 더 필요했다. 그때 떠오른 사람이 바로 신아영 아나운서였다. 하버드대학교를 졸업한 재원에다

토크 콘서트.
자전거를 모는 사람이 나다.

기꺼이 도움을 준 홍보대사들.
김병만과 김훈

여성들도 홍보대사에 합류했다.
설수현과 신아영

미모까지 갖춘 잘나가는 아나운서를 어떻게 섭외하시겠냐는 직원들의 걱정을 뒤로한 채 나는 거침없이 연락을 취했다.

사실 나는 미국에서 돌아와 서울대학교 교수로 자리를 잡은 후 거의 20년 동안 하버드대학교 인터뷰를 총괄해왔다. 국내에서 하버드대학교에 입학원서를 제출한 학생들 중에서 하버드대학교가 인터뷰를 하고 싶은 학생들의 명단을 내게 보내면 나는 국내에 거주하는 하버드대학교 출신 면접관 대여섯 명과 팀을 이뤄 인터뷰를 진행하는 일을 거의 20년 가까이 해왔다. 이제는 총괄에서 물러난 지 몇 년 되었지만 지난 20년간 줄잡아 30명 가까운 학생이 내 손을 거쳐 하버드대학교에 입학했다. 신아영 아나운서도 그중 하나였다. 바쁘다는 핑계를 대면 은근히 압력을 가할 준비까지 하고 전화했더니 여전히 나와 했던 인터뷰를 인상적으로 기억하고 있다며 기꺼이 참여할 뜻을 밝혔다. 나중에 합류한 두 여성 홍보대사는 마치 뒤처진 걸 만회라도 하듯 정말 열정적으로 일해주고 있다.

그런데 따지고 보면 이 모든 게 내게는 앞으로 살면서 갚아야 할 빚이다. 나는 국립생태원 원장이 되기 전까지는 늘 섭외를 받는 처지에 서 있었다. 그래서 아마 모르긴 해도 꼴사나운 '갑질'을 제법 많이 했을 것이다. 시간이 없다는 둥, 그런 일 따위에는 발을 들여놓기 싫다는 둥, 꼴같잖게 군 적이 퍽 많았을 것이다. 그러나 생태원장이 되고 나니 내 신세가 졸지에 을이 되고 말았다. 홍보대사를 모시는 일에서 언론에 넌지시 홍보를 부탁하는 일을 비롯해 예산을 확보하기 위해 또는 생태원이 기획한 사업을 성사시키기 위해 온갖 정부 부처를 찾아다니며 읍소하는 일까지 모두 스스로 자처한 '을질'이었다. 평생 인간관계로 인한 빚은 지지 않고 뼈기며 살 줄 알았는데 원장으로 지낸 3년 2개월 동안 온 사방으로 진 이 많은 빚을 어찌 다 갚을지 막막하다.

여덟, 누가 뭐래도 개인의 행복이 먼저다

김종률이 쓴《회사인간, 회사를 떠나다》(2017)라는 책이 있다. '회사인간'은 일본에서 만들어진 용어인데 "전후 경제성장기를 거치면서 자신의 헌신이 조직의 성장, 나아가 국가 발전에 이바지한다는 사고를 내면화한 조직 구성원을 의미한다." 일본의 회사인간을 구성하는 '단카이 세대(團塊世代)'처럼 한국에서는 1950~1960년대에 태어난 베이비부머 세대가 회사인간으로 성장했다. 나 역시 "우리는 민족중흥의 역사적 사명을 띠고 이 땅에 태어났다"라고 세뇌당한 바로 그 세대 사람이다.

하지만 25세에서 40세까지 15년에 걸친 미국 생활 덕에 나는 지독한 개인주의자로 거듭났다. 나는 15년 중 무려 10년을 미국에서도 가장 진보적인 매사추세츠주에서 살았다. 한때 민주당 대통령 후보까지 오른 마이클 두카키스(Michael Dukakis) 매사추세츠 주지사의 실패담 하나를 소개한다.

지금은 우리나라에서도 법으로 정해 적발되면 벌칙이 주어지는 안전띠 착용에 관한 일화다. 안전띠를 매지 않고 운전하다 사고를 당하는 일이 잦아지자 두카키스 지사는 안전띠 착용을 의무화하는 법을 제정하려고 했다. 주민의 안전을 위해 법을 만든다는데 누가 반대하랴 싶었는데 주민투표 결과는 정말 뜻밖이었다. 매사추세츠 주민들은 스스로 죽음을 선택할 권리를 박탈하지 말라며 법 제정을 반대했다. 1960~1970년대를 대한민국에서 살다 건너온 내게는 실로 엄청난 충격이었다. 그러면서 나는 서서히 그러나 확고히 진보주의자가 되었다.

게다가 나는 다윈주의자다. 다윈의 철학을 겉핥기로만 배운 사람은 수구와 보수를 옹호하는 사상에 기반을 두었다고 오해한다. 철저하게 다윈주의에 토대를 두고 탄생한 학문인 사회생물학(sociobiology)이 초창기에 여성주의자들의 신랄한 공격을 받은 사건은 시사하는 바가 많다. 심지어 다윈 자신은 원래 'evolution(진화)'이라는 용어 사용을 거부했다. 그 용어는 이미 정해진 것을 펼쳐 보인다는 뜻을 지닌 그리스어 'evolve'에서 나와서 목적도 없고 방향도 없는 진화 현상을 그리 부르고 싶지 않았던 것이다. 그러나 워낙 많은 사람이 이미 일상적으로 부르는 바람에 다윈도 어쩔 수 없이 수용할 수밖에 없었다.

다윈주의자로서 나의 세계관은 완벽하게 열려 있다. 진화생물학과 경제학은 근본이 같은 학문이다. 둘 다 철저하게 손익분석(cost-benefit analysis)에 따라 설명되는 학문이다.《이기적 유전자(The Selfish Gene)》에서 도킨스가 역설하듯이 생물의 진화에서는 유전자 증식에 이로운 것만이 진화한다. 그래서 많은 경우 그 유전자를 품고 다니는 개체에 유리해야 진화할 수 있다. 진화를 공부하며 나는 지독한 개인주의자로 거듭났다. 이른 봄 북유럽에서는 나그네쥐(lemming)가 떼로 몰려다니다 강물에 빠져 죽는 일이 종종 일어난다. 이를 두고 사람들은 먹을 게 부족해 모두가 살 수 없는 상황에서 일부 숭고한 나그네쥐들이 동료들을 위해 스스로 목숨을 끊는다고 믿었다. 남을 위해 희생하는 자들이 있어야 사회가 유지된다고 믿었다.

그러나 캐나다의 동물생태학자 치티(Dennis Chitty) 교수의 연구 결과에 따르면 이들의 자살 소동은 헌신적인 희생의 결과가 아니라 이른 봄 아직 눈이 녹지 않은 상태에서 이리저리 떼로 몰려다니다가 강물로 떨어지는 절벽에서, 앞서 가던 쥐들이 미처 멈추지 못한 상태에서 뒤에 따라오던 쥐들이 덮치며 떼로 빠져 죽는 것이란다.

미국의 만화가 라슨(Gary Larson)의 만화 한 컷이 이 스토리를 절묘하게 묘사했다. 동료들의 안녕과 행복을 위해 강물로 걸어 들어가는 숭고한 희생 행렬 중간에 쥐 한 마리가 고무 튜브를 몸에 두르고 가는 만화인데 집단 수준의 희생정신이 개체 수준의 이기성을 이길 수 없다는 걸 적나라하게 보여준다. 해가 거듭될수록 그 행렬에는 점점 더 많은 쥐가 튜브를 장착하고 나타날 것이다. 희생정신이 투철한 쥐들은 자손을 남기지 못하고 오직 이기적인 쥐들만 번식에 성공했을 테니 머지않아 그 개체군은 온통 이기적인 쥐들로 가득 찰 것이다. 무조건적인 희생은 테레사 수녀님과 이태석 신부님이나 할 수 있고 우리 같은 범인(凡人)은 조직에 좋은 일이 내게도 좋아야 할 수 있다. 더 솔직히 말하면 내게 좋은 일이 조직에도 좋기를 바랄 뿐이다.

얼마 전 리투아니아 프로농구팀 감독의 기자회견이 화제가 되었다. 어느 기자가 주전선수 한 명이 아내의 출산 때문에 출전을 포기해 경기에서 진 것 같은데 감독으로서 어떻게 생각하느냐고 묻자 그는 황당하다는 표정을 지으며 "내가 다녀오라고 했다"라고 답했다. 기자가 중요한 결승 시리즈에서 선수가 팀을 떠나는 게 정상이냐고 되묻자 감독은 기자에게 다음과 같이 쏟아냈다. "자기 아이가 태어난다는 건 인간이 경험할 수 있는 최고 순간입니다. 삶에서 농구가 가장 중요합니까? … 타이틀? 그 밖에 무엇과도 비교할 수 없습니다. 그는 지금 천국에 있는 느낌일 겁니다." 그 후 팀은 남은 준결승 경기를 모두 승리해 결승에 진출했고, 결승전에는 그 선수도 복귀해 팀은 결국 우승 타이틀을 거머쥐었다. 조직의 실적이 중요한가? 아니다. 그보다는 그 조직 구성원 한 사람 한 사람의 행복이 더 중요하다.

초등학교 3학년 때 학교 근처 산으로 걸어서 소풍을 간 적이 있다. 반장이었던 나는 하루 종일 담임 선생님에게 야단을 맞았다. 반장이 앞에서 학급을 진두지휘해야지 왜 자꾸 후미에 와서 얼쩡거리느냐는 질책이었다. 근처라고는 해도 사실 그리 가깝지 않은 곳이라 다리가 아프다며 주저앉는 아이들이 제법 많았다. 나는 그 아이들을 독려하고 심지어 업어주느라 앞장서서 나를 따르라 할 겨를이 없었다. 살면서 나는 어쩔 수 없이 리더 역할을 몇 차례 했지만 종종 실패했다. 조직을 택할 것인가 사람을 택할 것인가 하는 선택에서 나는 언제나 사람을 선택했다. 일을 그르칠 망정 사람이 다치는 건 용납할 수 없었다. 그래서 나는 종종 리더로서 적합하지 않다는 평가를 받았다.

국립생태원 원장으로 재직하면서도 공식석상에서는 그러지 않았지만 사석에서는 여러 차례 직원들에게 생태원과 자신의 갈림길에 서게 되면 서슴지 말고 자신을 위한 선택을 하라고 충고했다. 조직의 장으로서 참으로 무책임한 일인 줄 잘 안다. 하지만 나는 개인이 행복해야 궁극적으로 조직도 성공한다고 믿는다. 빠른 속도로 고령화하는 대한민국에 사는 사람들은 모두 평생 직장을 여러 차례 바꿀 것이다. '국립생태원에 뼈를 묻을 각오로 일하라'고 한들 실제로 그리 할 수 있는 사람은 제 수명을 채우지 못하는 사람뿐이다.

인생 100세 시대를 맞이하는 우리는 이제 냉정해져야 한다. 언제나 다음 직장을 염두에 두고 일해야 한다. 이 말이 자칫 조직에서는 곶감 빼먹듯 이득만 챙기며 오로지 자신만을 위해 살라는 소리로 들리지 않기 바란다. 그보다는 조직이 살아야 내 삶도 편안할 수 있다는 걸 알아채기 바란다.

나는 오래전부터 경협(競協, coopetition)의 개념을 깊이 생각해왔다. 이 말은 경쟁(competition)과 협력(cooperation)의 합성어다. 경쟁에서 이기기 위해 협력한다는 뜻이다. 평생 자연을 관찰하며 살아온 내가 한 가지 확실하게 단언할 수 있는 게 있다. 이세상에서 "손잡지 않고 살아남은 생명은 없다."

내가 최근에 저술한 책의 제목이기도 하다. 자연의 모든 생물 중 짝이 없는 생물은 없다. 말하자면 손을 잡은 자들이 미처 손잡지 못한 자들을 물리치고 사는 게 세상이다. 우선 자신을 사랑하고 아껴야 남도 존중하고 조직에도 충성할 수 있다. 21세기에 들어서며 왜 회사인간이 회사를 떠나는지 자연을 관찰해온 생물학자인 내 눈에는 너무도 또렷이 보인다.

아홉, 실수한 직원을 꾸짖지 않는다

나는 어려서 야단을 참 많이 맞으며 컸다. 아버지가 워낙 엄하기도 했지만 그보다는 내가 야단맞을 짓을 많이 한 게 사실이다. 성인이 된 후로는 침착하고 꼼꼼하다는 평을 많이 받았지만 어렸을 때에는 산만하고 덤벙댄다고 늘 혼이 났다. 아버지는 산보하러 나가실 때 내게는 알리지 않고 동생들만 몰래 데리고 나가시곤 했다. 나를 데리고 나가면 땟국이 흐르는 손으로 자꾸 길가 모든 가게의 쇼윈도를 문지르며 걷질 않나, 재래시장에서는 과일이나 채소를 죄다 만져보고 이리저리 옮기질 않나 감당할 수 없을 지경이었단다.

나는 안다. 내가 만일 늦게 태어나 요즘 자라고 있으면 거의 영락없이 '주의력결핍 과잉행동장애(ADHD)' 진단을 받고 약에 취해 살았을 것이다. 그 당시 통행금지가 있었으니 망정이지 아니었으면 나는 새벽까지 싸돌아 다녔을 것이다. 그래서 나는 아버지에게 종아리도 많이 맞았다. 때론 동생들이 잘못한 걸 대표로 맞기도 했지만 대부분 내가 잘못해서 맞았다. 반성문도 수없이 썼다. 아버지는 내가 반성문을 하도 많이 써서 글 솜씨가 늘었다고 공치사를 하신다. 하지만 나는 야단을 많이 맞고 반성을 많이 해서 지금 이렇게 멀쩡한 어른이 되었다고는 생각하지 않는다. 그렇다면 대학생이 됐을 무렵에는 개과천선했어야 한다. 나는 대학을 졸업하고 미국에서 유학하면서 드디어 성숙한 인간이 되었다. 자발적인 동기 부여가 이뤄진 다음에야 진정한 자기계발이 일어났다고 보는 게 맞을 것이다.

나는 하나밖에 없는 아들도 야단치며 키우지 않았다. 아주 어렸을 때 몇 번 버릇을 고친답시고 혼을 낸 적은 있지만 사춘기로 접어들 무렵부터는 모든 걸 대화로 풀려고 노력했다. 평생 대학 교수 생활을 하면서도 나는 학생들에게 욕을 하거나 그들을 닦달하지 않았다. 늘 존대하며 깍듯이 성인 대접을 했다. 논문이 잘돼 가냐고 물었지 왜 논문을 빨리 가져오지 않느냐고 야단하지 않았다. 언제 한번은 연구실을 공유하는 젊은 교수가 심각한 표정을 하고 들어와 내가 학생들에게 조금만 엄하게 하면 우리 연구실의 생산성이 몰라보게 높아질 것이라고 했다. 그러나 나는 끝내 그의 요청을 받아주지 않았다. 내 아들도 혼내지 않는데 남의 아들 딸을 야단할 수는 없다고 말해주었다.

석·박사 과정 학생들을 호되게 야단치며 일하면 단기간에는 분명히 더 많은 연구 업적을 뽑아낼 수 있다. 그러나 그것은 어디까지나 연구실과 연구실 대표인 교수에게 좋은 일일 뿐 정작 학생의 발전에 좋은지는 명확하지 않다. 석사와 박사 학위는 사실 그 분야 최고 전문가가 되었다고 주는 게 아니다. 이제 혼자서도 연구를 수행할 능력을 갖춘 독립적인 연구자가 되었다며 일종의 연구 자격증을 주는 것이다. 학생들이 내 연구실을 떠난 후에도 훌륭한 연구자로 서려면 스스로 연구하고 그에 따라 자기 삶을 운영할 능력을 길러야 한다. 야단을 많이 맞는 학생은 야단을 맞지 않으려 노력할 뿐 근본적으로 더 훌륭한 학생이 되는 것은 아니다. 성장은 남이 키워주는 게 아니라 스스로 크는 것이다.

찔레동산을 만들 때 일이다. 내가 조사해보니 우리 시인들 중에서 찔레꽃을 소재로 시를 쓴 이가 한둘이 아니었다. 퍽 많이 알려진 유명한 시인들도 여럿 조사됐다. 그래서 나는 관람객 유인 차원에서 해마다 시비를 하나씩 만들고 그 시인을 초청해 명명식과 더불어 시 낭독회를 열자고 제안했다. 우리나라는 시집과 수학책이 함께 팔리는 희귀한 나라다. 김용택 시인은 사람들이 시를 읽는 것은 사회가 흉흉해서 그렇단다. 어쨌든 우리는 찔레꽃 시비 건립 장기 계획을 세우고 그 첫 타자로 장사익 노래 시비를 제작하기로 했다. 이 일을 담당한 직원은 수시로 내게 보고도 했고 명명식 전날에는 완성된 비석 사진도 메신저로 보내왔다.

하지만 막상 제막식을 거행하러 장사익 선생을 모시고 행사장에 당도한 나는 흰 천으로 덮여 있는 시비의 크기에 경악을 금치 못했다. 사람 키보다 훌쩍 커서 족히 2m는 돼보였다. 아니 첫

"장사익 선생님, 시비가 좀 크긴
하지요?"

시비를 이렇게 크게 만들어 세우면 앞으로도 계속 비슷한 크기로 만들어야 하지 않겠는가? 그러다보면 찔레동산은 몇 년도 못 가 찔레꽃 덤불 위로 희고 거대한 비석들이 삐죽삐죽 올라와 있는 을씨년스러운 곳으로 변할 게 아닌가?

내가 그린 찔레동산의 모습은 소담스레 피어 있는 찔레꽃 사이를 걷다 이따금 나지막한 어느 시인의 시비가 나타나면 걸음을 멈추고 시의 향내에 젖어보는 모습이었다. 그 직원이 내게 사진을 보내줄 때 크기를 가늠할 수 있도록 곁에 다른 물건을 함께 두었더라면 좋았을 텐데 그냥 비석 사진만 덜렁 보내주는 바람에 나는 크기를 짐작조차 할 수 없었다.

뒤늦게 내 기획을 알게 된 그 직원은 그야말로 몸둘 바를 몰라 했다. 나는 그를 야단치기는커녕 할 일을 줄여줘 고맙다고 덕담 아닌 덕담을 던졌다. 이제 다른 시인의 시비는 꿈도 못 꾸게 됐으니 일이 줄었다며 익살스럽게 고개까지 숙였다. 그는 민망해서 어쩔 줄 몰라 했다. 실수한 직원은 자기가 실수했다는 걸 누구보다도 잘 안다. 그런 직원에게 너 왜 실수를 저질렀냐고 짓밟아본들 그가 갑자기 더 훌륭한 직원으로 거듭난다는 보장은 어디에도 없다. 나는 그를 처벌하지 않았다. 그저 조금 귀엽게 나무랐을 뿐이다.

생태원을 떠나기 불과 며칠 전 그가 수줍게 원장실로 들어왔다. 그러더니 내게 작은 상자 하나를 건네주었다. 그 안에는 그가 정성스레 만든 브로치 한 쌍이 들어 있었다. 은행을 주워 예쁘게 색칠하고 핀을 달아 만든 브로치는 보통 솜씨가 아니었다. 그는 외국 출장을 갈 때마다 공항 검색대에서 늘 '특별 대우'를 받는 사람이다. 일행은 모두 아무 문제없이 통과하는데 그는 거의 언제나 따로 불려가 짐 수색을 당한다. 그는 말하자면 임꺽정이 살아 돌아온 듯한 그런 사람이다. 밤을 새우며 그 예쁜 브로치를 만드는 그의 모습이 상상하기 어려웠다. 내가 생태원을 떠나며 받은 선물 중 내 마음에 가장 오래 남을 선물이다.

완벽한 결과를 얻으려고 직원들을 닦달하지 말고 과정을 완벽하게 다듬는 노력을 해야 한다. 자신의 임기 동안에 업적을 남

덩치 큰 사내에게서 받은
너무 섬세한 은행 브로치

기는 게 목적이라면 무자비하게 밀어붙이는 게 방법일 수 있지만, 그런 식으로 해서는 조직의 성장에는 오히려 방해가 될 수 있다. 스스로 성장하는 시기를 늦추는 효과가 있기 때문이다. 당장 이윤을 창출하지 못하면 시장에서 퇴출되는 기업도 중장기를 위해 과정에 대한 노력을 쏟을진대, 대학이나 정부의 산하기관처럼 정해진 예산을 가지고 효율적으로 업무를 추진해야 하는 기관의 장이라면 반짝 업적보다 기관의 미래를 담보해줄 체력을 갖추는 일이 더욱 중요하다. 조직이 성장한다는 것은 결국 그 조직을 구성하고 있는 사람들의 능력이 향상되는 것을 의미한다. 원래 적당한 용도에 적절한 재목을 써야 한다는 사자성어였는데 어떤 일에 적절한 재능을 가진 사람에게 적합한 지위나 임무를 부여해야 한다는 의미로 더 자주 쓰이는 적재적소(適材適所)는 우리가 흔히 듣는 말이다. 적재적소만 이룰 수 있으면 성공은 맡아놓은 일이다.

나는 여기에 하나를 더 보태고 싶다. 적어도 조직의 리더에게는 적재적소를 넘어 과재적소(過材適所)를 제안한다. 자격도 없는 리더가 이른바 낙하산을 타고 내려와 조직을 망치는 경우가 많은 마당에 적재적소만 해도 감지덕지라고 생각하겠지만, 그저 그 정도의 그릇인 사람이 조직의 리더가 되면 그저 그 정도의 일만 할수 있을 뿐 조직을 더 높은 단계로 이끌 수 없다. 능력이 넘치는 사람이 조직을 맡으면 주어진 임무는 임무대로 완수하면서 남는 시간에 혁신을 이뤄낼 수 있다. 대부분의 경우 적재적소도 되지 않아 탈이지만 능력이 가작인 사람은 늘 허덕이며 겨우 임무를 완수할 수 있을 따름이다. 게다가 그런 리더는 대개 시간이 지날수록 자신의 능력이 향상된다고 생각하고 조금 더 높은 다음 자리를 탐하기 마련이다. 지금 조직을 자신의 영달을 위한 발판으로 사용하려 한다. 본인의 업적에 연연하지 않고 조직의 미래를 걱정하는 리더가 필요하다.

조선왕조는 500년 이상이나 지속된, 세계에서 유례를 찾기 힘든 장수 국가다. 후기에 와서 명분과 당파로 빠지는 붕당정치의 퇴행적인 모습도 보였지만, 조선은 기본적으로 힘에 따른 패도(覇道)정치가 아니라 명분과 의리로 국민을 설득하고 포용하는 왕도(王道)정치를 펼쳤다. 강제적인 법 집행에 의지하는 법치(法治)보다 이해와 포용의 덕치(德治)를 우선하는 성리학적 통치철학이 장수 비결이다. 국사학자인 정옥자 서울대학교 명예교수의 저서《(우리가 정말 알아야 할) 우리 선비》(2002)에 따르면, 조선시대 지식인인 선비는 오늘날의 가벼운 지식인과 달리 "꼿꼿한 지조와 목에 칼이 들어와도 두려워하지 않는 강인한 기개, 옳은 일을 위해서는 사약(賜藥) 등 죽음도 불사하는 불요불굴의 정신력, 항상 깨어 있는 청청한 마음"을 지녔다.

나는 국립생태원 직원 한 사람 한 사람을 이 시대 선비로 생각하고 그들을 규율과 무사안일의 틀 속에 가두지 않고 자율과 도전의 장으로 끌어내리려고 노력했다. '일터를 놀이터로'라는 구호를 내걸고 편안한 분위기를 연출하려 애썼더니 엉뚱한 효과가 나타났다. 사내결혼이 장난 아니게 많아졌다. 점심식사 후 둘이 산책하는 모습이 눈에 띈다 싶으면 얼마 후 청첩장을 들고 원장실에 나타났다. 과학 실험실에서는 종종 결혼이 성사되는데 이상하게 내 연구실에서는 그런 일이 거의 없어 의아했다. 다른 연구실에서는 흔한 일인데 왜 그럴까 싶었는데 내 연구실 출신 두 여성 연구원도 생태원에서 짝을 찾았다. 그래서 우리끼리는 국립생태원을 '번식생태원'이라 부르기도 했다.

우리나라 출산율이 오랫동안 세계 최저 수준을 유지하고 있다. 살기 편해지면 출산율은 저절로 오르기 마련이다. 조선왕조가 내내 태평성대를 누린 건 아니겠지만 500년 이상 존속된 것을 보면 다른 왕조에 비해 민초들의 삶이 늘 팍팍했던 것은 아닌 듯싶다. 나는 딱히 성리학을 공부하진 않았지만 직원을 덕치로 섬기는 원장이 되고 싶었다.

열, 인사는 과학이다

나는 호칭이 좀 별나게 많은 사람이다. 생물학자, 생태학자, 동물행동학자, 진화생물학자, 사회생물학자…. 이러다보니 언젠가 어느 인터뷰에서 도대체 전공이 뭐냐는 질문도 받았다. 곰곰이 생각하다 나는 관찰이라고 답했다. 생각해보니 내가 평생 한 일이 다름 아닌 관찰이었다. 학창시절 친구들과 함께 길을 걷노라면 종종 동전을 몇 개나 주웠냐는 놀림을 당하기도 했다.

나는 끊임없이 주변을 살피며 다닌다. 세상 모든 게 내 관찰 대상이다. 개미나 민벌레 등 곤충 관찰로 시작한 내 연구는 까치(새), 긴팔원숭이(영장류), 남방큰돌고래(해양포유류) 등 다양한 동물로 이어졌다. 당연히 인간도 내 관찰 대상이다. 그래서 나는 그동안 여성문제에도 천착해 호주제 폐지에도 기여했고, 기형적으로 빠른 대한민국의 고령화 현상을 비롯한 각종 사회 변화도 늘 관찰하며 산다. 관찰학이라는 학문이 따로 있는 게 아니라서 딱히 관찰학자라고 할 수는 없지만 내가 하는 모든 일의 밑바닥에는 어김없이 관찰이 있다.

동물행동학에 입문하면 제일 먼저 배우는 관찰 기법이 있다. 동물의 행동을 관찰해 행동 목록(ethogram)을 작성하는 방법을 배운다. 대개 도마뱀의 행동 목록을 작성하는 훈련으로 시작한다. 도마뱀의 행동이 가장 단순하기 때문이다. 도마뱀은 변온동물이라 하루 종일 햇볕과 그늘을 왔다 갔다 한다. 햇볕에 너무 오래 나와 있어 체온이 오른다 싶으면 그늘로 옮겼다가 추워지면 또 햇볕으로 이동하는 행동을 반복한다. 왕복행동(shuttling behavior)이라고 부르는 이 행동을 반복하는 와중에 먹이도 잡아먹고 짝짓기도 하며 산다. 일정 시간 이런 도마뱀의 행동을 관찰하고 각 행동을 하는 데 걸린 시간을 측정해 표를 만들면 그것이 도마뱀의 행동 목록이 된다. 언뜻 무척 단순해 보이는 이 작업이 실제로는 더 복잡한 행동을 이해하고 연구하는 데 기초 자료를 제공한다는 점에서 동물행동학 연구에서는 빼놓을 수 없는 중요한 단계다.

"인사가 만사다"라는 명언이 있다. 무엇보다 사람 관리가 가장 중요하다는 뜻이다. 인사만 제대로 하면 만사가 형통한다는 뜻이기도 하다. 내가 원장으로 부임해보니 웬만한 인사 배치는 이미 되어 있었다. 새로 채용한 직원들도 경영본부장이 알아서 배치한 뒤 내게는 형식적으로 보고만 했다. 앞뒤가 바뀌었다는 생각이 들었다.

적절한 인재를 꼭 필요한 자리에 임명하고 일을 시작하는 게 원칙이건만 명색이 초대 원장인데 나는 애꿎게 남이 만들어놓은 조직을 물려받아 운영해야 했다. 그래서 일찌감치 나는 적절한 시기에 인사를 단행하기로 결심하고 직원들을 관찰하기 시작했다. 적어도 중간 관리자 이상의 직원들에 대해서는 일일이 행동 목록을 만들었다. 평생 동물 관찰을 하며 살아온지라 호모 사피엔스의 관찰이라고 그리 다를 것은 없었다.

인사 정보가 새어나가는 걸 막기 위해 인재경영부장만 밤중에 관사로 불러 은밀하게 작업을 진행했다. 나는 그동안 마치 동물에 대한 현장 연구를 수행하듯 틈틈이 관찰한 자료를 바탕으로 내 나름의 적재적소 인사 계획을 인재경영부장에게 설명하고 동의를 구했다. 내 방식이 워낙 새로워서 전문가의 동의가 필요했다. 때로는 설득도 해야 했다. 그러곤 해봐야 소폭 인사에 그칠 것이라던 모두의 예상을 뒤엎고 중간 관리자 절반 이상을 재배치하는 대규모 인사를 단행했다. 인사가 만사라는 말과 내가 함께 들은 말이 인사권이야말로 조직의 장이 쥐고 있는 가장 무서운 칼이라는 것이었다.

인사 발표가 나자마자 직원들이 나를 대하는 태도가 달라졌다. 데면데면하게 인사하던 직원들의 허리가 거의 90도로 꺾이는 걸 내 두 눈으로 확인할 수 있었다. 적나라한 인간 본성의 내면을 보는 것 같아 한편으로는 씁쓸하기도 했지만 조직을 장악하는 가장 확실한 길은 역시 인사라는 걸 몸소 깨달았다.

인사를 단행한 지 얼마 되지 않아 이른바 '복도 통신'에 불이 났다. 인사에 대한 불만도 있었지만 그보다도 진심 어린 우려가 많았다. 경영 경험이 전무한 원장이라 역시 말도 안 되는 인사를 했다는 얘기가 여기저기에서 터져 나왔다. 그러나 시간이 흐르면서 우려가 감탄 내지는 칭찬으로 변했다. 새 자리로 옮겨간 직원들의 얼굴에서 미소가 흐르며 분위기가 달라지기 시작했다. 그동안 치밀하게 작성한 행동 목록에 의거해 나는 그들이 뭘 좋아하고 어떤 일에 흥미를 느끼는지를 파악하고 그에 따라 인사 조치를 했다. 이전 직장에서 그런 일을 얼마나 오래했는지도 물론 중요하겠지만 그보다는 무슨 일을 하면 더 행복해할지가 훨씬 중요하다고 생각했다.

그저 나대기 좋아하는 직원은 대외협력처로 보내 마을 사람들을 만나 뻐길 수 있게 해주고 위아래로부터 따돌림을 받는 임원은 홀로 일할 수 있는 부서로 옮겼다. 특히 한 직원은 환경부 시절부터 평생 행정만 했던 분인데 내 행동 관찰 일지에 보면 너무나 자주 꽃을 가꾸고 잡초를 뽑는 일을 하는 것이었다. 그래서 나는 과감히 그를 식물관리 연구실장으로 발령을 냈다. 인사 소식이 알려지자마자 원장실로 달려온 그는 사실 은퇴하면 수목원 같은 곳에서 일하려고 조경이나 식물관리 관련 자격증을 따기 위해 공부 중이라며 뛸 듯이 기뻐했다. 식물에 대해 아직 그리 깊은 지식을 갖춘 것은 아니지만 어차피 실장은 그런 전문가들을 관리하는 직책인지라 그는 현장을 뛰며 정말 열심히 일했다. 사무실이 아니라 야외에서 구릿빛 얼굴을 한 채 환히 웃는 그를 만나는 즐거움은 남달랐다.

마이크로소프트를 만든 빌 게이츠(Bill Gates)는 심지어 게으른 직원에게 일부러 어려운 일을 맡긴단다. 게으른 사람은 기를 쓰고 그 일을 해치우는 쉬운 길을 찾기 때문이란다. 게으름과 부지런함도 엄연한 행동 유형이다. 용감함과 비겁함도 개성이다. 최근 동물행동학 연구에서 가장 따끈따끈한 주제는 단연 개성 (personality)이다. 심지어 진딧물의 개성을 관찰하고 분석하는 마당에 인간의 개성을 관찰하고 분석해 인사에 반영하는 것은 전혀 어색하지 않다고 생각한다. 침대가 과학이라면 인사야말로 관찰을 바탕으로 한 진정한 과학이어야 한다.

5

생태경영과
통섭

뉴턴 경제학에서 다윈 경제학으로

2008년 미국 월스트리트가 촉발한 국제 금융 위기로 경제학의 근간이 흔들렸다. 그동안 경제학이 예측하는 세계와 경제 현실 사이에는 너무나 자주 엄청난 간극이 버티고 서 있었다. 생명의 다양성이 확장되며 예상하지 못한 변화가 끊임없이 이어지는 현실에서도 고전 역학의 패러다임에 갇혀 있던 경제학은 이미 예측력은 고사하고 설명력마저 잃어가고 있었다. 그런 와중에도 여전히 '합리적 인간'이라는 대전제를 버리지 못하다가 드디어 월스트리트 금융 '꾼'들의 탐욕에 속수무책으로 무너져 내렸다. 경제의 주체인 인간을 그저 입자로 간주하고 숫자만 세던 '뉴턴 경제학'의 패러다임이 물러나고 인간이라는 동물의 다양한 개성과 언제 어디로 튈지 모르는 예측 불가능한 행동 성향을 이해해야

경제 동향을 가늠할 수 있다는 패러다임의 '다윈 경제학' 시대가
열렸다.

어떤 경제 선택을 하든 우리가 언제나 슈퍼컴퓨터를 동원해
모든 경우의 수를 입력한 다음 그 결과에 따라 '합리적인' 결정을
내리는 게 아니다. 사실 슈퍼컴퓨터도 못 할 일이다. 일본 경제학
자의 연구에 따르면 상품의 수가 10가지일 경우에는 슈퍼컴퓨터
가 0.001초 만에 해답을 줄 수 있지만 40가지만 돼도 12.7일이 걸
린단다. 인간은 종종 지극히 비합리적이고 충동적인 결정을 내린
다. 마트에서 장을 볼 때는 100g에 얼마인지 10원 단위도 따지기
도 한다. 그런 뒤 집에 돌아와 텔레비전 홈쇼핑을 보며 환경을 생
각하는 착한 기업의 상품이라는 쇼호스트의 말에 넘어가 다른 제
품들보다 10,000원이 더 비싼데 덜컥 구입하는 게 우리다.

너무나 오랫동안 경제학은 인간의 심리나 본성에는 아무런
관심을 보이지 않았다. 합리적 인간은 감성 따위는 갖고 있지 않
은, 차라리 로봇과 같은 존재인데 구태여 그 로봇의 심리와 본성
을 연구할 필요를 느끼지 못한 것이다. 1978년 '제한적 합리성'을
주장한 사이먼(Herbert Simon)이 노벨경제학상을 수상했지만
2002년 카너먼(Daniel Kahneman)이라는 심리학자가 노벨경제
학상을 수상하는 이변이 일어나고 나서야 주목하기 시작했다. 경
제학이 드디어 인간의 심리를 들여다보겠다고 고백한 것이다. 하

지만 공부가 미처 끝나기도 전에 금융위기가 들이닥쳤다.

2017년이 돼서야 제대로 된 행동경제학자 세일러(Richard Thaler)에게 노벨경제학상이 주어진 것은 늦어도 너무 많이 늦었다는 생각이 든다. 행동경제학 분야는 세일러 교수가 수상했다고 해서 끝난 게 아니다. 페어(Ernst Fehr), 보울스(Samuel Bowles), 긴티스(Herbert Gintis) 등 뛰어난 경제학자들에게도 언젠가 기회가 돌아갈 것이라고 믿는다. 행동경제학은 인지심리학과 행동생물학이 경제학과 만나 탄생시킨 전형적인 통섭형 학문이다. 경제학의 '효용'은 신경과학에서 말하는 '보상'과 동일한 개념이다. 행동생태학은 이제 뇌과학 실험까지 동원해 효용을 측정한다. 인간을 모르고 어찌 인간의 경제를 이해할 수 있겠는가? 인간의 행동이 곧 경제다.

사실 경제학과 생물학의 한 분야인 생태학 사이에는 특별히 각별한 관계가 있다. 경제학(economics)과 생태학(ecology)의 접두어 'eco'는 모두 그리스어로 '집'이라는 뜻이다. 둘 다 인간 삶을 둘러싼 관계(nexus)를 연구하는 학문이다. 어쩌면 원래 한 집안이었는데 무슨 연유로 헤어졌다가 이제 서로 다시 찾기 시작한 모양이다. 시스템의 안정성에 영향을 미치는 두 요인인 저항력(resistance)과 회복력(resilience)은 두 학문 모두에서 중요한 척도로 쓰인다. 환율 변동이나 원자재 가격 폭등 등 외부 요인의 급격한 변화에 시장과 기업이 얼마나 잘 버티느냐와 기후 변화, 외래종 침입으로부터 생태계가 어떻게 평형을 유지하느냐는 너무나 흡사한 분석을 요구한다. 그리고 일단 외부든 내부든 어떤 요인으로든 시스템의 안정성이 흐트러진 다음 과연 붕괴하느냐 회복될 수 있느냐, 회복된다면 얼마나 빨리 회복되느냐 등도 자연 생태계와 시장에서 빈번하게 일어나는 현상이다.

나는 그동안 기업인들을 만날 때마다 위기 상황에 어떻게 대처하느냐고 물었다. 돌아오는 대답은 뜻밖에도 그때그때 최선을 다한다는 사뭇 두루뭉술한 답변 일색이었다. 생태학은 지난 수십 년 동안 천재지변은 물론 주기적으로 일어나는 환경변화에 대한 각종 생태계의 반응과 적응을 관찰해왔다. 경제학자들에게 우리 공책을 빌려줄 용의가 있다. 모든 경우에 다 적용되는 것은 아니지만 일반적으로 다양성(diversity)이 높은 생태계가 더 탁월한 저항력과 회복력을 나타낸다. 다양성은 복잡성(complexity)의 다른 이름이다. 구성이 다양하면 구성원들 간의 관계망이 매우 복잡하고 조밀하게 형성되어 웬만한 충격에는 쉽사리 무너지지 않는다. 그러나 가지 많은 나무에 바람 잘 날 없다는 옛말처럼 관계망이 지나치게 복잡하게 얽혀 있으면 남의 성패에 내 운명이 좌우될 가능성이 그만큼 클 수밖에 없다. 해외 의존도가 지나치게 높은 대한민국 경제가 곱씹어볼 필요가 있는 문제다.

나는 외부 용역팀과 협업하면서 국립생태원의 미션을 다음과 같이 정했다.

"세계적인 생태학 연구를 바탕으로 자연환경의 보전과 생태 문화 확산을 도모하여 지속가능한 미래 구현에 기여한다."

국립생태원은 우선 무엇보다 세계적 수준의 연구를 해야 하고 그를 기반으로 해서 우리 국토의 자연환경을 보전하는 일에 앞장서야 한다. 그러나 거기에서 멈추는 게 아니라 우리 사회에 생태 문화를 뿌리내리게 함으로써 후손들에게 지속가능한 미래를 물려줘야 한다. 대한민국은 그동안 개발 문화가 지배해왔다.

개발하려면 지금 상태를 어떻게든 바꿔야 하는데 바꾸고 싶지 않은 사람들이 있으면 그들을 설득해야 하는 것이 마땅하건만 어찌된 영문인지 개발론자들이 더 당당하다. 그들은 경제발전이라는 깃발을 쥐고 있기 때문이다. "환경은 미래 세대에게서 빌려 쓰는 것이다"라는 말은 수없이 많이 들었을 것이다. 미래 세대도 우리가 자연에서 누린 만큼은 누릴 수 있도록 자연을 훼손하지 말고 온전하게 또는 개선해서 물려주자는 게 바로 지속가능성

(sustainability)의 참뜻이다. 생태경영은 내게 목표이자 수단이었다. 국립생태원의 미션이 바로 자연환경을 생태적으로 경영하자는 것이고 그걸 이루기 위해 나는 국립생태원을 생태적으로 경영하려고 했다.

호모 심비우스

영국 작가 존슨(Samuel Johnson)은 "상호허겁(相互虛怯, mutual cowardice)이 인간을 평화롭게 만든다"라고 설파했다. 힘의 우위가 뚜렷한 사회도 겉으로는 평화로워 보인다. 하지만 그 속에는 언제든 틈만 보이면 뚫고 나가려는 분노의 용암이 들끓고 있다. 서로 상대를 적당히 두려워하는 상태가 서로에게 예의를 갖추며 평화를 유지하게 만든다. 우리 인간은 무슨 까닭인지 자꾸만 이 같은 힘의 균형을 깨고 홀로 거머쥐려는 속내를 내보인다. 그러나 내가 그동안 관찰해온 자연은 그렇지 않은 것 같다. 우리가 자연에서 배울 게 있다면, 나는 이 약간의 비겁함을 제일 먼저 배워야 한다고 생각한다.

흥미롭게도 얼마 전부터 부쩍 '상생(相生)'이라는 말이 세상에 많이 돌아다닌다. 일간신문의 정치나 경제면에는 사흘이 멀다하고 이 말이 등장한다. 왜 갑자기 상생인가. 생태학에서는 이미 오래전부터 서로 돕고 사는 생물들의 관계를 '공생(共生)'이라는 용어로 표현해왔다. 우리 주변에서 요즘 많이 쓰는 상생 개념은 바로 이 공생 개념과 조금도 다르지 않은 것 같다.

다만 누군가가 '공생' 대신 '상생'을 처음 쓰기 시작한 뒤 다들 별 생각 없이 따라 하는 것 같다. 멀쩡히 공생이라는 단어가 있고 그 개념도 뚜렷한데 왜 갑자기 상생이라는 말이 튀어나왔는가 궁금하여 그 정확한 뜻을 찾아보았다. 그리 어렵지 않게 상생이란 본래 '상극(相剋)'의 반대 개념으로 금(金)에서는 물[水]이, 물에서는 나무[木]가, 나무에서는 불[火]이, 불에서는 흙[土]이, 흙에서는 금이 나는 오행(五行)의 운행을 설명하는 말이라는 것을 알게 되었다. 물론 넓게 보면 서로 통하는 개념일 수도 있겠지만 공생, 즉 서로 돕고 산다는 뜻과는 약간 거리가 있는 듯싶다. 사람들은 '자연' 하면 흔히 약육강식 또는 적자생존 등의 표현을 떠올린다. 생명현상에 대해 가장 포괄적이고 합리적인 설명을 제공한 다윈의 진화론에서 나온 개념들이라고 알려져 있다. 그러나 사실 이들은 모두 다윈의 이론을 세상에 널리 전파하기 위해 그의 '성전'을 끼고 세상으로 뛰쳐나간 그의 '전도사'들이 만들어낸 용어들이다.

생태학자들은 자연 생태계의 종간 관계를 흔히 2x2 분할표로 정리한다. 기본적으로 서로에게 해가 되는 관계가 경쟁(competition)이고 서로에게 득이 되는 관계는 공생(symbiosis)이다. 한편 한 종은 이득을 보고 다른 종은 손해를 보는 관계로 포식(pre-dation) 또는 기생(parasitism)이 있다. 그러나 나는 경쟁을 다른 관계들과 동일한 차원에서 비교하는 것은 지나치게 평면적인 분할이라고 생각한다. 자원은 한정되어 있는데 그걸 원하는 존재는 늘 넘쳐나는 상황에서 경쟁은 피할 수 없는 삶의 현실이다.

그 경쟁에서 살아남기 위해 자연은 맞붙어 상대를 제압하는 것 외에도 포식, 기생, 공생 등을 고안해냈다. 자연의 관계구도를 이처럼 입체적으로 조망하면 나를 둘러싼 모든 상대를 제거하려고 혈안이 되어 있는 것만이 삶의 전부가 아니라는 걸 깨닫게 된다. 자연은 언뜻 생각하기에 모든 것이 경쟁으로만 이루어져 있는 것 같지만 사실 그 속에 사는 생물들은 무수히 많은 다른 방법으로 제가끔 자기 자리를 찾았다. 어떤 생물들은 반드시 남을 잡아먹어야만 살 수 있는가 하면(포식), 모기처럼 남에게 빌붙어 조금씩 빼앗아 먹어야 하는 것들도 있다(기생). 경쟁관계에 있는 두 생물이 서로 동시에 얼마간 피해를 주는 반면 포식과 기생을 하는 생물은 남에게 피해를 줘야만 자기가 이익을 얻는다.

자연은 꼭 남을 해쳐야만 살아갈 수 있는 곳은 아니도록 진화했다. 상당히 많은 생물이 서로 도움으로써 그 주변에서 아직 협동의 아름다움과 힘을 깨닫지 못한 다른 생물들보다 오히려 훨씬 더 잘 살게 된 경우도 허다하다. 이런 관계를 우리는 상리공생

(mutualism)이라 부른다. 예를 들면 개미와 진딧물, 벌과 꽃(현화식물), 과일(씨를 포장하고 있는 당분)과 과일을 먹고 먼 곳에 가서 배설해주는 동물 등 너무나 다양하다.

그래서 생태학자들도 예전에는 늘 경쟁, 즉 '눈에는 눈' 또는 '이에는 이' 식의 미움, 질시, 권모 등이 우리 삶을 지배하는 줄로 알았지만 이젠 자연도 사랑, 희생, 화해, 평화 등을 품고 있다는 사실을 인식한다. 모두가 팽팽하게 경쟁만 하며 종종 서로 손해를 보며 사는 사회에서 도우며 함께 잘 사는 방법을 터득한 생물들도 뜻밖에 많다는 것을 발견하게 되었다. 경쟁관계에 있는 생물들이 기껏해야 제로섬 게임(zero-sum game)을 하는 데 비해 어우름을 실천하는 생물들은 그 한계를 넘어 더 큰 발전을 할 수 있다.

상리공생이 아니더라도 상대에게는 이렇다 할 피해를 주지 않으며 함께 있어 이득을 얻는 경우도 있다. 이를 편리공생(amensalism)이라고 부르는데 말미잘과 숨이고기의 관계가 그한 예다. 말미잘은 숨이고기가 있으나 없으나 별 상관이 없지만 숨이고기는 말미잘의 독성이 있는 촉수 숲에 숨어 보호를 받는다. 또 들판을 거니는 소나 말들 옆에는 백로들이 종종 따라다니는데 그들은 소나 말들이 걸어가며 툭툭 차는 발길에 튀어 오르는 곤충들을 잡아먹는다. 인간 못지않게 풍요로운 사회를 구성하고 사는 개미나 벌 사회에는 약간은 비정상적인 방법으로 사기를 치며 빌붙어먹는 동물들이 적지 않다. 개미나 벌은 물론 인간사회에 들어와 엉거주춤 함께 사는 그 많은 동물, 또 심지어 병원균 등도 인간이 그들을 포용할 여유가 있기 때문에 존재한다.

자연계에서 가장 무거운 생물집단이 누구일까? 그건 고래나 코끼리가 아니라 꽃을 피우는 식물, 즉 현화식물이다. 이 세상 모든 동물을 다 합쳐도 식물 전체의 무게에 비하면 그야말로 조족지혈이다. 지구는 누가 뭐래도 식물의 행성이다. 자연계에서 수적으로 가장 성공한 집단은 누구일까? 단연 곤충이다. 그렇다면 곤충과 식물은 과연 어떻게 이처럼 엄청난 성공을 거두었을까? 한곳에 뿌리를 내리는 바람에 움직여 다닐 수 없는 식물은 꽃가루받이를 위해 애써 꿀까지 제공하며 '날아다니는 음경'을 고용하며 공생사업을 벌였다. 곤충과 식물은 결코 호시탐탐 서로 제거하려는 무차별적 경쟁을 벌이며 살아남은 게 아니다.

지금 이 지구에서 가장 넓은 땅을 차지하고 있는 지주가 누구인가? 바로 벼, 보리, 밀, 옥수수 등 곡류식물이다. 불과 1만여 년 전까지만 해도 저 들판에 말없이 피고 지던 잡초였던 그들이 무슨 재주로 졸지에 대지주가 될 수 있었겠는가? 그건 다름 아니라 우리 인간이 그들을 경작해주었기 때문이다. 불과 20~25만 년 전에 등장하여 사자와 하이에나에 쫓기며 아프리카 초원을 헤매던 하잘것없는 영장류였던 인간이 오늘날 만물의 영장으로 등극할 수 있었던 것은 자연계에서 가장 대규모 공생 사업을 벌여 성공한 데 기인한다. 그걸 역사학에서는 농업 혁명이라고 부른다. 그런데 어느덧 우리는 스스로 자연과 더는 아무런 상관없이 사는 존재라고 착각한다. 급기야 우리는 스스로 호모 사피엔스(*Homo sapiens*), 즉 '현명한 인간'이라 부르기 시작했다. 나는 결코 동의할 수 없다. 우리가 자연계에서 가장 탁월한 두뇌를 지닌 존재임은 부정할 수 없지만, 우리가 진정 현명하다면 숨도 제대로 쉴 수 없고 물도 마음대로 마시지 못하는 환경을 만들어놓지는 말았어야 했다.

호모 심비우스(*Homo symbious*), 즉 공생하는 인간의 생물학적 기본은 생태학과 진화생물학에 있지만, 그 개념은 동양과 서양의 고대철학 모두에 깊이 뿌리내리고 있다. 아리스토텔레스는 일찍이 우리 인간을 '사회적 동물'이라 일컬었다. 《논어(論語)》는 '화이부동(和而不同)', 즉 '남과 사이좋게 지내지만 무턱대고 한데 어울리지는 아니한다'는 정신을 얘기한다. 공자가 말하기를, "군자는 화이부동하지만, 소인은 정반대로 한다"라고 했다. '호모 심비우스'라는 새로운 호칭과 개념은 지난 세기 말부터 새로운 세기는 물론 새로운 밀레니엄을 맞이하는 차원에서 내가 생각해낸 것이다. 그러던 중 2002년 여름 한국생태학회가 제8회 세계생태학 대회를 개최할 때 나는 조직위원장을 맡아 세계적 학자 여덟 분을 기조강연자로 모시고 강연 시리즈의 주제를 '21세기 새로운 생활철학으로서의 생태학-다스림과 의지함(Ecology as the New Philosophy of Life in the 21st Century: Stewardship and Dependence)'이라고 정하고 공생의 개념을 좀 더 널리 알리고자 했다.

이때부터 나는 호모 심비우스 개념을 사뭇 구체적으로 구상하기 시작했다. 그리고 이듬해 1월 16~18일에는 일본 도쿄에서 열린 '신세기문명포럼'에 한국 대표로 초대받아 강연하게 되었다. 모리 전 일본 총리가 주관한 이 국제포럼에서 나는 '호모 심비우스-21세기 새로운 인간상(Homo symbious: A New Image of Man in the 21st Century)'이라는 제목으로 호모 심비우스에 관한 구체적인 생각을 발표했다. 이 강연의 마무리에 나는 호모 심비우스를 실천하는 방안으로 화이부동을 제안했는데, 청중석 제일 앞줄에 앉아 있던 중국과학원 부원장이 특별히 환한 미소로 화답했다. 왜 그런가 했더니 곧바로 이어진 그의 강연 제목이 바로 다름 아닌 '화이부동'이었다. 마치 짜고 친 듯한 우리 둘의 강연에 감동을 받았는지 모리 총리는 종합논평에서 포럼의 결론 개념으로 호모 심비우스를 채택하고 모두 화이부동을 실천하자고 제안했다.

인간은 분명 자연이 창조해낸 가장 위대한 걸작이다. 그러나 먼 훗날 우리가 멸종한 다음 또 다른 지적인 동물이 만일 '인간실록'을 편찬한다면, 나는 그 제목이 "스스로 갈 길을 재촉하며 짧고 굵게 살다간 동물"이 될 것이라고 생각한다. 생물학자들은 종종 부질없는 내기를 벌인다. 그중 하나가 바로 과연 우리 인간이 지금까지 살아온 기간만큼 살 수 있는지 내기하는 것이다. 나는 우리가 앞으로 20~25만 년을 더 살기는 어려울 것이라고 생각한다. 하지만 나의 비관적 전망을 뒤집을 방법이 없는 것은 아니라고 생각한다. 경쟁에서 살아남기 위해 우리 선조들이 터득한 경쟁적 협력, 즉 경협(競協, coopetition)의 지혜를 되살리는 일이다.

경협의 개념은 각각 하버드대학교와 예일대학교 경영대학 교수인 브란덴버거(Adam Brandenburger)와 네일버프(Barry Nalebuff)의 공저 《Co-Opetition》(1996)에서 처음 소개되어 기업생태계에서는 이미 몇 차례 성공적인 시도가 있었다. 우리나라의 아시아나항공이 참여하여 비행 노선 일부와 마일리지를 공유하는 시스템인 스타 얼라이언스(Star Alliance)가 좋은 예다. 일본의 도요타(Toyota)가 유럽의 시트로엔(Citroen), 푸조(Peugeot)와 기본 차체를 공동으로 개발한 일도 역시 경협의 예가 된다. 이는 현대자동차가 기아자동차를 합병하며 채택한 전략이기도 하다. 같은 나라 선수끼리 긴밀하게 협동하여 다른 나라 선수들을 견제하면서 그들 중 한 선수가 우승을 거머쥐는 쇼트트랙 스케이팅이나 자전거 경륜 경기에서도 경협 현장을 목격할 수 있다.

농촌 작가 고 전우익 선생은 동명의 저서에서 "혼자만 잘 살믄 무슨 재민겨"라고 물으셨다. 혼자 버티면 재미도 없을뿐더러 살아남기조차 힘들다. 이제 우리가 가야 할 길은 독존(獨存)이 아니라 공존(共存)이다. 현명한 경협의 지혜가 무엇보다도 필요한 시점이다. 손을 잡아야 살아남는다. 나의 경영 십계명에서도 몇 차례 밝혔듯이 나는 홀로 군림하거나 독존하려 하지 않았다. 거의 모든 과정을 투명하게 꺼내놓고 직원들과 늘 상의하며 처리했다.

자연을 연구하는 사람들의 조직이 자연을 닮는 것은 너무나 자연스러운 일이라고 생각했다. 산으로 들로 바다로 강으로 뛰어다니며 다른 동물들은 무슨 짓을 하고 사나를 염탐하려 보낸 시간과 경험이 이런 식으로 도움이 될 줄은 예전에는 미처 몰랐다. 나의 경영 원칙과 스타일이 독특했다면 그건 아마도 내가 전형적인 경영인이 아니라 자연을 벗삼아 살아온 생태학자이기 때문일 것이다.

'침팬지 폴리틱스'와 불가사리식 규제

영장류 연구에서 제인 구달 박사에 버금가는 학자가 누구냐고 묻는다면 《내 안의 유인원》, 《원숭이와 초밥 요리사》, 《공감의 시대》등으로 우리 독자들에게도 친숙한 미국 에모리대학교 명예교수 프란스 드 발(Frans de Waal)이라고 답할 것이다. 그가 대중을 위해 쓴 첫 책《침팬지 폴리틱스(Chimpanzee Politics)》는 네덜란드 아넴연구소의 야외 사육장에서 비교적 자유롭게 사는 침팬지들을 관찰하며 그들의 사회구조를 분석하여 쓴 책이다.

이에론, 루이트, 니키, 댄디라는 이름의 수컷 침팬지 네 마리의 권력투쟁, 지배전략, 계급구조, 동맹, 배반, 음모, 거래, 타협, 화해 등이 마치 인간 사회를 들여다보듯 적나라하게 묘사되어 있다. 마키아벨리의 저서를 읽은 사람이라면 이 책을 반드시 읽어야 한다.《손자(孫子)》를 읽는 사람도 마찬가지다. 다윈은 물론 홉스(Thomas Hobbes), 뒤르켐(Émile Durkheim) 또는 레비스트로스를 읽는 이들도 이 책에서 신선한 감동을 얻을 것이다.

제50대 미국 하원의장을 지낸 깅리치(Newt Gingrich) 의원은 "이 책을 읽고 나면 펜타곤, 백악관, 의회가 예전과는 달리 보일 것이기 때문"이라며 의회 필독서 목록에 수년간 올려놓고 있다. 세대 교체라는 명분을 앞세우고 집요하게 이에론의 권위에 도전한 루이트가 끝내 권력을 찬탈하는 데 성공한다. 그때 결정적인 도움을 준 니키는 젊은 나이에도 단숨에 2인자 자리로 뛰어오른다. 1인자가 된 루이트는 흥미롭게도 니키를 견제하기 위해 이에론과 동맹을 맺는다. 그러나 얼마 후 이에론과 니키가 은밀하게 연합전선을 형성하여 결국 니키가 권좌에 오른다. 그러나 니키는 귀족의 원조를 받아 권좌에 오른 무력한 군주의 신세를 면치 못한다. "침팬지 사회에서는 무엇을 아느냐보다 누구를 아느냐가 더 중요하다." 프란스 드 발이 남긴 명언이다.

언제부턴가 '생태계'라는 단어가 온 사방에서 들려온다. 원래 생태학에서 쓰던 용어인데 언제부터인가 담을 넘어 동네방네로 번지고 있다. 처음으로 생태계라는 단어를 도입해 본격적으로 활용한 분야는 아마 경영학일 것이다.《경쟁의 종말(The Death of Competition)》의 저자 무어(James Moore)는 1993년《하버드 비즈니스리뷰》에 기고한 논문에서 처음으로 기업 생태계(business ecosystem) 개념을 소개해 맥킨지 최우수논문상을 받았다. 그 후 문화 생태계, 금융 생태계, 벤처 생태계 등 온갖 생태계가 등장했다. 하지만 생태학자인 내가 보기에는 이들 모두 생태학에서 용어만 빌렸을 뿐 원리는 제대로 이해하지 못한 것 같다.

무어는 기업 생태계를 "상호작용하는 조직이나 개인들에 기반을 둔 경제공동체"라고 정의하고, 그 구성원들이 함께 진화하며 서로 역할을 다듬어간다고 설명했다. 기업 생태계의 개념이 소비자를 엄연한 구성원으로 간주하여 새로운 관점을 제공한 것은 분명히 참신한 시도였지만, 무어가 그려낸 구도는 엄밀히 보아 생태계가 아니다. 자연 생태계는 생산자, 소비자, 분해자 등 '생명환(circle of life)'을 구성하는 생물들뿐 아니라 이들이 삶을 영위할 수 있도록 물질과 에너지를 제공하는 모든 물리적 환경을 포괄한다. 물리적 환경을 제외한 생물 공동체를 생태학에서는 군집(community)이라 일컫는다.

생태계 개념을 도입하여 대기업과 중소기업이 '공생 발전'하고 기업 생태계 구성원들이 고르게 '동반 성장'하길 원한다면 모든 걸 기업 군집의 자율에 맡겨서는 안 된다. 신자유주의는 국가의 시장 개입을 비판하지만, 바람직한 물리적 환경은 시장 구성원들이 자발적으로 만들어낼 수 있는 게 아니다. 풍요로운 군집 생태를 위한 공간, 자원, 기후조건 등이 확보되어야 한다. 그래야 비로소 생태계가 완성된다.

국가가 직접 시장이라는 생물 군집 한가운데에 뛰어들어 이래라저래라 하는 것은 지극히 유치한 짓이지만, 소비자 권익을 위해 어느 정도 국가 개입은 불가피하다. 미국 정부의 연방통상위원회(FTC, Federal Trade Commission)가 집행하는 독점금지법(Anti-trust laws)이나 우리 정부의 공정거래위원회 정책들이 자유롭고 개방적인 시장을 구축해 역동적인 경제를 만들어내려는 노력이다. 그 어느 자본주의 국가도 경제를 완벽하게 자유경쟁체제 속에 내버려두는 곳은 없는 것 같다. 어쨌거나 규제가 적은 경제일수록 성공적인 것만은 틀림없어 보인다. 그렇다면 정부 규제는 과연 어느 정도가 적절할까?

나는 10여 년 전 어느 일간지에 '정부의 경제 규제 불가사리 만큼만'이라는 제목의 시론을 쓴 적이 있다. 미국 시애틀에 위치한 워싱턴대학교 생태학자 페인(Robert Paine)은 암석 해안의 물웅덩이에 서식하는 생물 군집을 대상으로 유명한 포식(predation) 실험을 실시했다. 물웅덩이 생물 군집의 최상위 포식자인 불가사리를 제거하면 평화로운 환경이 조성되리라는 기대를 안고 실험군 물웅덩이에서는 계속 불가사리를 제거했고 대조군 물웅덩이에서는 평상시대로 불가사리를 그대로 두었다.

일정 기간이 지난 다음 두 군의 물웅덩이 내 생물다양성을 조사해보니 뜻밖에도 불가사리가 따개비, 홍합, 달팽이 등을 잡아먹게 내버려둔 물웅덩이에 다양한 생물이 살고 있었다. 최고 포식자인 불가사리가 사라진 물웅덩이에서는 경쟁력이 가장 강한 홍합이 거의 모든 고착 공간을 차지하는 바람에 해조류가 단 한 종만 겨우 살아남았다. 따라서 그 해조류를 먹고살던 다른 모든 초식동물도 사라졌다. 불가사리는 이 생태계에서 지나치게 독점력이 강한 종을 제거함으로써 그보다 경쟁력이 조금 부족한 다른 많은 생물이 틈새 공간을 활용하며 살 수 있게 해준 것이다. 그래서 나는 정부는 더도 말고 덜도 말고 바로 불가사리만큼만 하면 된다고 생각한다.

시장을 너무 지나치게 자유로이 방치하면 황량한 약육강식의 논리가 판을 치게 된다. 재력과 권력을 겸비한 거대 기업 하나가 시장을 독점하면 결국 소비자가 골탕을 먹는다. 자연 생태계나 시장이나 할 것 없이 다양성을 잃으면 구조적으로 불안정해진다. 그러나 불가사리는 결코 씨를 말릴 종을 미리 결정하지 않는다. 정부 간섭도 기업들로 하여금 자유롭게 경쟁할 수 있는 시장 환경을 확보하는 수준에서 멈춰야 한다. 생태학적으로 볼 때 인위적인 기업 퇴출은 결코 시장을 건강하게 만들지 못할 것 같다.

조직 경영도 마찬가지다. 한 나라의 국가 경제와 조직의 인재 경영을 어떻게 작은 물웅덩이에 비할 수 있느냐고 반문하는 이도 있겠지만 아프리카 초원들 중 코끼리가 사라진 곳에서는 그 광활한 지역이 온통 나무 한두 종으로 뒤덮이는 것도 생태학자들은 똑똑히 보았다. 이렇게 고백하면 스스로 침팬지 수준으로 격하하는 우를 범하는 것인지 모르지만《침팬지 폴리틱스》를 무척 감동적으로 읽은 나는 굳이 이에론과 동맹까지 맺어가며 2인자인 니키를 적절하게 견제한 루이트처럼 원장인 나를 중심으로 파벌이나 사조직이 형성되는 걸 사전에 차단하려 노력했다. 마치 그림자처럼 나를 따르던 수행비서조차 인사 조치를 준비할 때에는 철저하게 멀리했다. 내게 살갑게 굴고 가까이하려는 직원을 굳이 밀어내지는 않았지만 가능한 한 많은 직원을 고루 만나고 소통하려 노력했다.

인간 관계망이 다양하고 복잡해지면 조직의 안정을 위협하는 요인들이 발생해도 저항력을 발휘할 수 있고 어느 정도 무너지더라도 곧바로 회복할 수 있다. 공적 인간 관계와 사적 인간 관계는 현명하게 구분해야 한다. 나는 면전에서는 내게 간이라도 빼줄 듯 아부하지만 등 뒤에서는 비방과 험담을 일삼는 직원들에게 수시로 점심식사 판을 들고 다가갔다. 인사 발령을 낼 때에도 나와 친밀한 정도는 배제하고 오로지 능력 위주로 하려 애썼다. 바닷가 물웅덩이의 불가사리가 그러는 것처럼 나도 미운 직원을 표적 삼아 인사 불이익을 주는 행위는 철저하게 삼갔다. 다만 부당하게 권력 구도를 형성해가는 임직원들을 견제했을 뿐이다. 물론 당하는 처지에서는 내가 언제나 공정했다고 평가하진 않겠지만.

오바마(Barack Obama) 전 미국 대통령이 2015년 노동절 연설에서 한 말이다.

"내가 여러 나라를 다녀봤는데 노조가 없거나 금지한 나라가 많다. 그런 곳에서 가혹한 착취가 일어나고 노동자들은 산재를 입고도 보호받지 못한다. 노조운동이 없기 때문이다.

내 가족의 생계를 보장할 좋은 직업을 원하는가? 누군가 내 뒤를 든든히 봐주기를 바라는가? 나라면 노조에 가입하겠다."

원장으로 취임한 지 얼마 안 된 어느 날 직원들이 노조를 만들고 싶어 한다는 보고를 받았다. 나는 당연히 그래야 한다며 흔쾌히 허락했다. 이른바 '귀족 노조'에 대한 비판이 있지만 그건 성숙한 노조 문화가 진화하는 과정에서 겪는 진통이라고 생각한다. 나는 임기 내내 노조를 결코 적대시하지 않았다. 오히려 최고경영자로서 노조 요구에 부응하지 못하는 나 자신이 부끄럽기도 하고 안타깝기도 했다. 나는 노조 간부를 원장실로 불러 대화하는 게 때로는 힘의 균형 관점에서 정당하지 않은 것 같아 종종 직접 노조 사무실을 찾았다. 노사 관계는 대결이 아니라 협치의 현장이 돼야 한다.

통섭 경영과 창발효과

우리가 하는 학문도 제가끔 다른 성격을 지닌다. 자연과학 분야에서는 물리학과 화학에 비해 생물학이 더욱 통섭적이다. 경영학도 태생적으로 통섭적인 학문이다. 내가 10여 년 전 우리 사회에 화두로 던진 통섭(統攝)은 이제 어느덧 지하철에서도 흔히 들을 수 있는 일상용어가 되었다. 내가 2005년 하버드대학교 진화생물학자 윌슨(Edward O. Wilson)의 저서 《Consilience: The Unity of Knowledge》를 번역하며 탄생한 '통섭'이라는 용어와 개념은 꺼내놓기 무섭게 날개가 달린 듯 학계는 물론 기업과 사회로 퍼져나갔다. 마치 도킨스가 '문화유전자'의 개념어로 설정한 선전자(宣傳子, meme)처럼 횡적으로 우리 사회 곳곳으로 전파된 것이다.

Consilience는 19세기 영국의 자연철학자 휴얼(William Whewell)이 1840년 《The Philosophy of the Inductive Sciences (귀납과학의 철학)》에서 처음 소개한 개념으로, 다양한 학문 분야를 가로지르며 현상들과 그 현상들에 기초한 이론을 한데 묶어 공통된 하나의 설명체계를 이끌어내는 것을 의미한다. 윌슨은 'coherence(일관성, 일치)'나 'convergence(합일)'처럼 사람들에게 이미 친숙해진 단어를 택하지 않고 굳이 잊힌 단어인 consilience를 택한 이유를 오히려 희귀하여 그 의미가 훼손되지 않고 잘 보전되어 있기 때문이라고 설명했다. 번역하는 과정에서 나도 똑같은 이유로 '일치', '합치', '합일', '통일', '통합' '정합'과 같은 기존 단어들을 붙들고 숙고하다 우리말 사전에도 잘 나오지 않는 '통섭'을 택했다.

내가 '통섭'을 꺼내놓자 기왕에 사용하던 용어들인 통합이나 융합과 어떻게 다르냐는 질문이 쏟아졌다. 그래서 《21세기 문학》

등 몇몇 학술지에 내 나름의 해석을 글로 실었다. 여기 그 내용을 간추려 다시 정리해보련다. 통섭은 사실 새로운 용어가 아니다. Consilience에 대한 적절한 번역어를 찾느라 고심하던 중 우연히 두툼한 우리말 사전에서 '통섭(通涉)'을 찾았다. 하지만 나는 consilience가 "사물에 널리 통함"이라는 뜻의 '통섭(通涉)'보다는 좀 더 포괄적인 개념이라고 생각하여 '큰 줄기' 또는 '실마리'의 뜻을 지닌 '거느릴 통(統)'과 '잡다' 또는 '쥐다'의 뜻을 지닌 '잡을 섭(攝)'을 붙여 새로운 단어를 만들었다. 쉽게 말하면 "큰 줄기를 잡다"라는 의미가 된다.

그러나 책이 출간되자마자 어느 불교학자의 지적으로 '통섭(統攝)'은 원효대사가 화엄을 불교의 가장 최고 경지로 상정하고 그 경지에 이르는 방법론으로 제시한 개념이었다는 것을 알게 되었다. 화쟁사상(和諍思想)을 설명하며 원효대사가 자주 사용하던 용어라고 한다. 훗날 조선의 실학자 최한기도 자신의 기(氣)철학을 설명할 때 이 말을 종종 사용한 것으로 드러났다. 정치적으로는 '총괄하여 관할한다'는 뜻을 지녀 '삼군(三軍)을 통섭한다'는 방식으로 쓰이기도 했다.

나는 우리 학계에 통섭 개념을 소개하며 동료학자들에게 진리의 궤적을 따라 과감히 그리고 자유롭게 학문의 국경을 넘나들 것을 요청했다. 진리의 행보는 학문의 경계 따위는 존중해주지도 않건만 우리는 스스로 쳐놓은 학문의 울타리 안에 갇혀 잠시 들렀다 사라지는 진리의 옆모습 또는 뒷모습만 바라보며 학문을 한다고 자위하며 산다.

나는 이제 우리 학자들이 학문의 국경을 넘을 때 여권을 검사하는 거추장스러운 입국절차를 생략할 때가 되었다고 생각한다. 학제적(inter-disciplinary) 연구를 한다고 하면서 사실은 다학문적('multi'-disciplinary) 유희를 하고 끝나는 수준을 넘어 진정한 의미의 범학문적 접근(trans-disciplinary approach)으로 지식의 큰 줄기를 잡아야 한다. 그렇다면, 구체적으로 학문에서 통섭은 어떻게 구현하며 통합, 융합과는 무슨 차이가 있을지 궁금해진다. 고맙게도 2005년 서울대학교 개교 60주년 기념 학술대회에 모인 여러 분야의 학자들이 마치 인터넷 백과사전 '위키피디아'를 만들 듯 가지런히 정리해주었다. 나는 이 글로 통합, 융합, 통섭에 관한 그 후 내 생각을 다시 한번 정리하고자 한다.

내가 서울대학교에 재직하던 시절인 2000년대 초반 당시 교육인적자원부 주도로 여러 학과와 연구소 단위로 나뉘어 있던 생물학 관련 조직들이 한데 모여 생명과학부로 통합되는 일이 벌어졌다. 자연과학대학의 생물학과, 분자생물학과, 미생물학과의 교수들과 유전공학연구소의 교수들에 사범대학 생물교육과의 일부 교수들이 합류하여 거대한 새 학부가 탄생했다. 그런데 행정적으로는 하나로 묶였지만 우리는 여전히 예전의 조직에 충성을 다하고 있었다. 전체 교수회의가 끝나면 곧바로 예전 조직들이 따로 모여 그날 교수회의에서 무엇을 잃었으며 다음 교수회의에서 그 잃었던 것들을 어떻게 탈환할지 논의하곤 했다.

이 같은 동상각몽(同床各夢)은 내가 서울대학교를 떠난 뒤에도 이어지다가 새로운 학부의 교수로 들어온 신임 교수들의 숫자가 상당히 늘어 조직의 색깔이 전체적으로 바뀐 후에야 비로소 희미해졌다고 한다. 통합(統合)은 둘 이상을 하나로 모아 다스린다는 뜻으로 다분히 이질적인 것들을 물리적으로 합치는 과정이다. 전쟁 때 여러 나라 군대를 하나의 사령부 아래 묶어 연합군 또는 통합군을 만들어보지만 병사들 간의 완벽한 소통은 기대하기 어렵다. 통합은 어딘지 모르게 하향조정(top-down) 방식의 합침이라는 느낌이 든다.

융합(融合)은 핵융합이나 세포융합에서 보듯이 아예 둘 이상이 녹아서 하나가 되는 걸 의미한다. 융(融)은 원래 '굽은 다리 셋을 단 솥'이라는 뜻의 '솥 력(鬲)'에 '곤충 충(虫)'이 합쳐져 만들어진 말이다. 솥 안에 이것저것을 넣고 끓이면 그것들이 녹으며 솥뚜껑 틈으로 김이 새어나오는데 그 모습이 마치 벌레와 같다고 해서 만들어진 말이란다. 따라서 융합은 원래 형체를 알아볼 수 없을 정도로 녹여서 하나로 만드는 과정을 뜻한다고 보면 좋을 것 같다. 수소 분자 둘과 산소 분자 하나가 융합하면 원래 수소와 산소 분자와는 형태가 전혀 다른 물이 탄생한다.

통합이 물리적 합침이라면 융합은 다분히 화학적 합침이다. 이런 관점에서 보면 우리가 요즘 흔히 말하는 '기술의 융합'이라는 표현은 적절한 것 같다. 하지만 '학문의 융합' 또는 '지식의 융합'은 대체로 불가능하거나 어색하다. 영문학과 물리학이 융합하여 도대체 무엇이 된다는 말인가? 하지만 예를 들어, 정보통신(IT)과 나노기술(NT)의 융합은 이미 벌어지고 있고 그래야만 실제로 사용할 수 있는 새로운 기술을 만들어낼 수 있다.

융합과 달리 통섭은 합쳐지는 과정에서 원래 구성 성분이 형체를 알아볼 수 없을 정도로 녹아 없어지는 게 아니라 그들의 속성을 잘 섞은 새로운 조합의 실체를 탄생시킨다. 따라서 통섭은 생물학적 합침이다. 남남으로 만난 부부가 서로 몸을 섞으면 전혀 새로운 유전자 조합을 지닌 자식이 태어나는 과정과 흡사하다. 21세기 들어 인지과학의 기세가 등등하다. 인지과학이 어떤 학문인가? 심리학이 어느 날 갑자기 인지과학으로 변한 것인가? 인지과학은 도대체 우리 인간의 두뇌가 어떻게 생겨먹었는지 논의하기 위해 뇌과학, 심리학, 철학, 진화생물학, 컴퓨터공학, 기계공학 등이 만나 범학문적인 통섭을 거쳐 태어난 학문이다. 부모학문들의 유전자를 적절히 잘 섞어 매우 흥미롭고 발전적인 자식학문이 탄생한 것이다. 그렇다고 해서 부모학문들이 죄다 녹아 형체를 알아볼 수 없게 되었는가? 부모학문들도 여전히 존재하는 가운데 새로운 학문이 태어난 것뿐이다. 재생산 또는 번식(reproduction) 과정과 흡사하다.

통섭은 비록 consilience의 번역어로 출발했지만 나름대로 생명을 지닌 존재처럼 새로운 의미로 진화했다. Consilience의 번역어로 "사물에 널리 통함"이라는 의미를 지닌 좀 더 많이 알려진 통섭(通涉) 대신 통섭(統攝)을 택함으로써 나는 휴얼과 윌슨의 개념에 동양적 변이를 보탰다고 생각한다. 휴얼의 통섭은 다분히 가법적 통섭(additive consilience) 또는 융합적 통섭(confluent consilience)이다.

그의 저서 《귀납적 과학의 역사(History of the Inductive Sciences)》(1837)에서 휴얼은 과학을 강에 비유한다. 여러 갈래의 냇물이 모여 강을 이루듯이 먼저 밝혀진 진리는 하나둘씩 합쳐져 결국 하나의 강령에 포함될 뿐 그 어느 것도 다른 것으로 환원되지 않는다는 것이다. 냇물이 강으로 환원되지 않듯 진리는 환원되는 것이 아니라 다른 진리들과 합류될 뿐이라는 것이다. 나는 '통섭'의 옮긴이 서문에서 밝힌 것처럼 휴얼의 통섭에는 그다지 큰 매력을 느끼지 못한다. 그런 통섭은 우리가 오랜 세월 해오던 방법과 그리 다르지 않다고 생각한다. 특히 동양의 전통적인 전일론(holism)과 거의 다를 바 없어 보인다. 그래서 윌슨이 자연과학에 바탕을 둔 환원적 통섭(reductionistic consilience)을 주장한 것이다. 휴얼의 강 유비(類比, 유추)의 합류성에는 동의하지만 한번 흘러가면 영원히 돌아오지 못하는 강물 유비는 결정적 한계성을 지닌다. 휴얼의 통섭 개념은 합류점마다 이른바 창발성(emergent properties)의 가능성을 열어놓은 것을 장점으로 들지만, 창발성은 그 자체가 언젠가는 반드시 설명되어야 할 개념이라는 점에서 미완성 개념일 수밖에 없다.

나는 윌슨의 통섭 개념에도 나름대로 한계가 있다고 생각한다. 환원주의와 통섭은 태생적으로 상반되는 개념이기 때문이다. 그럼에도 환원주의가 통섭적 연구를 하기 위한 하나의 방법론일 수는 있다고 본다. 그러나 모든 통섭적 연구가 다 환원주의적으로 이뤄질 수는 없다. 이런 점에서 나는 '강의 유비'가 아니라 '나무의 유비'로 통섭을 설명한다.

나무는 줄기를 가운데 두고 위로는 가지와 이파리들로 분화되어 있으며 땅 밑으로는 많은 뿌리를 뻗고 있다. 하늘을 향해 펼쳐진 수많은 가지가 다양한 현상을 관찰하고 기술하며 의미를 부여하는 인문학과 자연과학의 일부를 의미한다면, 땅 밑의 뿌리들은 우리 눈에 보이지 않는 부분을 측정하고 이론화하는 학문들을 나타낸다. 대부분 분석과학 분야가 여기에 속할 것이다. 나는 뿌리와 가지들을 연결하는 줄기가 통섭의 현장이라고 생각한다. 통섭이 일방적이 아니라 상호영향적이어야 한다고 생각한다. 그래서 내가 생각하는 통섭은 분석과 종합을 모두 아우르는 호상적 통섭(interactive consilience)이다.

이쯤되면 어느덧 내가 말하는 통섭은 휴얼과 윌슨의 consilience에서 분화되어 또 다른 갈래로 진화된 새로운 개념으로 봐야 할 것이다. 나의 통섭은 적어도 윌슨의 consilience에 비해 다분히 동양적인 배경을 지닌다. 나 자신의 성장과정이 어쩔 수 없이 영향을 미쳤으리라 생각한다.

나는 학문의 대통합이 오로지 자연과학의 주도로 이뤄져야 한다고 생각하지 않는다. 진정한 통섭은 자연과학과 인문학의 원활한 소통에서 나온다. 나는 자연과학자이지만 모든 학문은 인문학에서 출발하여 인문학으로 마무리된다고 생각한다. 학문이란 어차피 언어를 사용하는 인간이라는 동물의 지적 활동이기 때문이다. 인문학과 자연과학은 방법론의 본질적 차이 때문에 통섭을 이루기가 대단히 어려울 것이라는 걸 모르는 이는 없다. 그래도 나는 인문학과 자연과학을 통섭하려는 노력이야말로 윌슨의 표현대로 "인간 지성의 위대한 도전"이라고 생각한다. 그리고 그 노력의 결실을 얻는 일이 21세기에 벌어지리라고 믿는다.

"우물을 깊이 파려면 넓게 파라"

1959년 스노 경(Sir Charles P. Snow)은 문학으로 대표되는 인문학과 과학을 근본적으로 융화되기 어려운 '두 문화'로 규정한 바 있다. 하지만 그는 전통적인 문학의 세계와 새롭게 떠오르는 과학문화 사이에 엄청난 괴리가 존재하는데도 전통이 과학을 끌어안는 노력을 해야 한다고 역설했다. 곧이어 터져 나온 유드킨(Michael Yudkin) 등의 반론에 답하면서 그는 1963년 '제3의 문화(the third culture)', 즉 사회사(social history)의 태동이 이미 시작되었다고 알렸다. 그에 따르면 사회사란 사회학자를 비롯하여 정치학자, 경제학자, 심리학자는 물론 의학이나 건축학 등에 종사하는 이들의 지적 활동 모두를 포괄한다.

이는 일찍이 19세기 말 헉슬리(Thomas Henry Huxley)가 사회학과 창설을 주창하며 문학이란 결국 여러 모양의 탈을 뒤집어쓴 사회학이라고 말한 것과 맥을 같이한다. 반세기가 흐른 21세기의 문턱에서 윌슨은 또다시 지식 탐구의 두 거대주류인 인문학과 자연과학의 통섭은 예전에도 그랬고 앞으로도 여전히 지성의 최대 목표라고 말한다. 철학자 러빈(George Levine)도 이제는 '하나의 문화'를 말할 때라고 역설한다. 러빈이 생각하는 '하나의 문화'란 과학과 문학이 하나의 분야로 합쳐져야 한다는 것은 아니지만 적어도 하나의 문화적 담론으로 거듭나야 한다는 것을 의

미한다. 범학문적 접근이 절실하다는 말이다. 이제는 진정 학문 간의 눈을 녹일 때가 되었다. 여기서 내가 얘기하는 '눈(snow)'에 는 두 가지 의미가 담겨 있다. 고유명사 스노 경의 이름 Snow와 학문 간에 쌓여 녹지 않던 눈(snow)이 그들이다. 지구온난화의 도움을 받아서라도 인문학과 자연과학 사이에 쌓인 눈을 녹이고 싶다.

아리스토텔레스, 레오나르도 다빈치, 연암 박지원, 다산 정약 용. 언뜻 보아 한데 묶일 수 있는 공통점이 전혀 없어 보이는 이들 은 모두 한 분야가 아닌 여러 분야에서 탁월한 업적을 남긴 전천 후 학자들이다. 남들은 평생 한 분야에서도 이렇다 할 업적을 세 우지 못해 쩔쩔매건만 이들은 어떻게 그 많은 분야를 넘나들며 종 횡무진 활약할 수 있었을까? 여러 가지 긍정적인 평가가 가능하 겠지만 나는 여기서 대단히 인색한 평가를 하나 내놓으려 한다.

그들이 활약하던 시절에는 다뤄야 했던 지식의 총량이 그리 방대하지 않아 특출한 한 개인이 여러 분야를 섭렵할 수 있었다 고 감히 그들을 폄하하려 한다. 다산이 화성을 축조하려고 토목 공학 박사학위를 취득한 것은 아니지 않은가? 문헌을 뒤져본 것 은 아니지만 기껏해야 청나라에서 건축 관련 서적을 한두 권 구 해서 읽어본 정도였을 것이다. 당시에는 그 정도만 해도 기본적 으로 명석한 두뇌만 있으면 조선팔도 최고 토목공학자로서 당당히 일할 수 있었다. 그러나 나는 이제 더는 우리 사회에 그들과 같은 학자는 나타나지 않을 것이라고 단언할 수 있다. 지난 두 세기 동안, 즉 19세기와 20세기를 거치며 우리 인류가 축적한 지식의 종류와 규모가 한 개인이 감당할 수 있는 수준을 훨씬 넘어섰기 때문이다. 이제 한 개인이 여러 학문 분야를 완벽하게 통달한다는 것은 물리적으로 불가능한 일이 되었다.

그래서 우리는 언제부터인가 한 분야를 좁고 깊게 파고들어 가기를 시도했다. 이것이 바로 전문화(specialization)이며 우리 대부분은 모두 나름대로 자기 분야 전문가들이다. 그런데 자칭 전문가들인 우리는 각자 자기 분야에서 진리를 향해 파고드는 데 상당한 어려움을 느끼고 있다. 깊게 파고들면 들수록 점점 더 좁아지는 전문공간에서 몸을 제대로 움직이기조차 힘들어한다. 도대체 무슨 연유일까 고민하던 나는 2006년 연말 〈동아일보〉의 '내 마음속의 별'이라는 코너에서 가야금 명인 황병기 선생이 첼리스트 장한나에게 덕담으로 들려준 우리 옛말을 듣고 깨달음을 얻었다. "우물을 깊이 파려면 넓게 파라."

요즘에는 집집마다 김치냉장고가 있어서 더는 하지 않지만 얼마 전까지만 해도 우리는 김장을 하고 나면 김장독을 묻어야 했다. 김장독을 한 번이라도 묻어본 사람 중에 묻어야 할 독의 지름을 재고 정확하게 그 넓이만큼 땅을 판 사람은 아무도 없을 것이다. 독의 지름보다 더 넓게 파기 시작해야 묻을 수 있다는 것을 우리는 거의 본능적으로 안다. 21세기는 혼자 파는 시대가 아니다. 여럿이 넓게 파기 시작하면 함께 깊게 팔 수 있다.

진리를 파고드는 것도 마찬가지다. 나는 21세기 학문 중 그 어느 것도 다른 학문의 도움 없이 홀로 존재할 수 있는 것은 없다고 생각한다. 설령 있다 하더라도 홀로 좁고 깊게 파기는 여전히 힘든 일이다. 진리의 심연에 이르려면 깊게 파야 하고, 그러자면 넓게 파기 시작해야 하는데 혼자서는 평생 파도 표면조차 제대로 긁지 못하는 게 현실이다. 나는 이것이 바로 통섭을 해야 하는 무식하리만치 단순한 이유라고 생각한다.

21세기로 접어들며 학문의 지형도가 변하고 있다. 분과학문의 시대를 넘어 바야흐로 학문의 경계를 넘나드는 융합과 통섭의 흐름이 도도하다. 통섭의 시대를 열려면 그에 걸맞은 인재를 길러내야 한다. 문과와 이과의 장벽을 허물고 폭넓게 학문을 섭렵하도록 우리 사회 전체가 교육 개혁에 힘을 쏟아야 한다.

호상적 통섭을 꿈꾸며

제4차 산업혁명의 시대가 온다고 다들 야단법석이다. 18세기 중엽 영국에서 일어난 산업혁명에 대해서는 우리 모두 학창시절에 배워서 잘 알고 있다. 그러나 제2차 산업혁명은 언제 일어났다 슬그머니 끝났는지 아는 사람이 많지 않다. 제3차 산업혁명에 대해서는 리프킨(Jeremy Rifkin)이 저술한 동명의 책을 봐서 어느 정도 알고 있었다. 그런데도 여전히 이 두 혁명은 제4차 산업혁명의 등장으로 뜻밖에 존재감을 얻은 듯한 인상을 지울 수 없다. 혁명의 정체성과 정당성에 의구심이 있음에도 이른바 제4차 산업혁명이 몰고 올 변화의 충격과 규모에 대해서는 별다른 이의가 없어 보인다.

나는 제4차 산업혁명을 관통하는 핵심어는 연결성(connectivity)이라고 생각한다. 과연 21세기에도 여전히 19세기와 20세기만큼의 혁신적 과학 발전이 일어날까? 나는 과학자들 스스로 이에 의구심을 갖고 있다고 생각한다. 그래서 기존에 개발된 과학기술들을 연결해 나름의 혁명적 변화를 꾀하자는 게 제4차 산업혁명의 본질일지 모른다. 생태학은 한마디로 관계를 연구하는 학문이다. 생물과 환경의 관계를 연구하고 생물과 생물 간의 관계를 연구한다. 제4차 산업혁명 시대로 들어서며 부쩍 '생태' 또는 '생태계'라는 단어를 여기저기에서 가져다 쓰는 이유가 여기에 있다고 생각한다.

국립생태원은 바로 이런 생태적 관계성을 연구하는 곳이다. 그래서 나는 연구 본부의 분위기를 통섭적으로 조성하려 노력했고 나아가 연구 본부와 교육, 전시, 행정 부문의 연계와 소통을 줄기차게 강조했다. 실제로 연구와 교육, 연구와 전시는 물론 연구와 행정 부처 사이에도 교체 근무 등 인적 교류를 활성화했다.

내가 만일 3년이라는 짧은 임기가 아니라 서양처럼 길게 조직을 이끌 수 있는 상황이었다면 연구 본부의 연구원 대부분이 각자 자신에게 맞는 적절한 시기에 최소 6개월 만이라도 전시, 교육 또는 행정 부처에서 일할 수 있도록 제도를 만들었을 것이다. 국립생태원 핵심 가치에서 '다양성'과 '창발'은 서로 연결되어 있는 개념이다. 다양한 사람이 한데 모여 그저 다양한 짓거리나 하면 이렇다 할 성과를 내지 못할 것이다. 다양한 사람이 모여 창발적으로 일해야 시너지 효과를 일으킬 수 있다. 통섭 경영은 창발 효과를 만들어내는 가장 효율적인 방법이다.

나이가 조금 지긋한 이들은 학창시절 〈가지 않은 길〉이라는 시를 외던 기억이 날 것이다. 그 시를 쓴 프로스트의 또 다른 시 〈담을 고치며(Mending wall)〉에는 다음과 같은 구절이 있다. "좋은 담이 좋은 이웃을 만든다(Good fences make good neighbors)." 담이 없으면 이웃이 아니라 한 집안이다. 한 집안이라고 해서 늘 화목한 것은 아니다. 학문의 구분과 사회의 경계는 나름대로 다 필요하다. 물리학, 생물학, 경제학, 법학 등이 왜 따로 존재해야 하는지는 다 그럴만한 역사적·학문적 이유가 있다. 다만 지금처럼 담이 너무 높으면 소통이 불가능하다. 통섭은 서로 주체는 인정하되 담을 충분히 낮춰 소통을 원활하게 만들려는 노력이다. 인문학과 자연과학이 졸지에 하나의 학문으로 합쳐지는 일은 없을 것이다. 하지만 이제는 두 학문 주류가 자주 만나야 한다. 서로 존재를 충분히 존중하면서도 장점을 충분히 배우며 새로운 길을 모색할 수 있을 것이다.

레바논 태생의 철학자이자 작가인 칼릴 지브란(Kahlil Gibran)의 〈함께 있되 거리를 두라〉라는 시가 있는데 통섭 경영을 이해하는 데 도움이 될 것 같아 여기에 소개한다.

함께 있되 거리를 두라
그래서 하늘 바람이 너희 사이에서 춤추게 하라
서로 사랑하라
그러나 사랑으로 구속하지는 말라
그보다 너희 혼과 혼의 두 언덕 사이에 출렁이는 바다를 놓아두라
서로의 잔을 채워주되 한쪽의 잔만을 마시지 말라
서로의 빵을 주되 한쪽의 빵만을 먹지 말라
함께 노래하고 춤추며 즐거워하되 서로는 혼자 있게 하라
마치 현악기의 줄들이 하나의 음악을 울릴지라도 줄은 서로

혼자이듯이

서로 가슴을 주라, 그러나 서로의 가슴속에 묶어두지는 말라
오직 큰 생명의 손길만이 너희의 가슴을 간직할 수 있다
함께 서 있으라, 그러나 너무 가까이 서 있지는 말라
사원의 기둥들도 서로 떨어져 있고
참나무와 삼나무는 서로의 그늘 속에선 자랄 수 없다

인문학과 자연과학은 사원의 기둥들처럼 함께 학문의 세계를 떠받치고 있어야 한다. 두 기둥이 한데 뭉쳐 하나가 되면 오히려 불안정한 상태가 되고 만다. 참나무와 삼나무처럼 인문학과 자연과학도 서로 그늘 속에선 제대로 자랄 수 없다. 그래서 나는 어느 한쪽이 압도하는 관계보다는 호상적 통섭을 꿈꾼다. 경영 현장에서도 마찬가지다.

국립생태원은 교육 전시도 하지만
생태적 관계성을 연구하는
기관으로서 역할을 다해야 한다.

나오며

경영(經營)이 아니라 공영(共營)이다

책머리 '들어가며'에서 나는 "쑥스럽지만… 부끄럽지만… 민망하지만…" 3년 2개월 동안 국립생태원 초대 원장으로서 겪은 경험을 앞으로 이런 일을 하게 될 사람들을 위해 조심스레 꺼내 놓겠다고 밝혔다. 다 털어놓고 나니 홀가분하긴 한데 여전히 쑥스럽고 부끄럽고 민망하다. 3년 2개월이 내겐 결코 짧지 않은 시간이었지만 단 한 번 경영 경험을 이렇게 대놓고 떠벌려도 되나 하는 우려는 여전히 남는다. 그럼에도 내가 무리해서 이 책을 쓰기로 한 가장 근본적인 동기는 그렇게도 원하던 중책을 맡은 다음 처참하게 실패한 리더들에게 도대체 왜, 어떻게 했길래 망했느냐고 묻고 싶은 충동 때문이다.

우리나라 전직 대통령 중에는 거의 모든 대화를 "아, 그거 내가 좀 해봐서 아는데"로 시작하신 분이 있다. 그렇게 잘 아시는 분이 왜 물은 가두면 썩는다는 걸 몰라 전국 강물을 '녹조 라테'로 만드셨는지 묻고 싶다. 나는 해보니 정말 모르겠다. 왜 망하는지. 어떻게 하면 망할 수 있는지. 매우 건방지게 들리겠지만 리더로서 지켜야 할 최소한의 원칙만 지키면 망하기가 성공하기보다 더 어려울 것 같다. 사실 조직의 리더가 왜 망하는지, 그래서 조직이 어떻게 함께 망하는지 정말 모르는 건 아니다. 어쩔 수 없는 외부 요인 때문에 불행하게도 망할 수밖에 없는 경우도 있을 것이다.

그러나 조직이 망하는 가장 큰 이유는 리더의 사리사욕과 아집 때문이다. 사심 없이 모든 문제를 함께 일하는 동료들과 상의하며 추진하면 망하기가 힘들 것이라 생각한다. 리더가 조직을 이용해 자기 욕심을 챙기려 하거나 자기가 조직의 누구보다도 훨씬 탁월하다고 믿기 시작하면 위험하다. 아무리 대단한 천재라도 자기 두뇌 하나가 많은 다른 두뇌의 집단 지능(collective intelligence)을 능가할 것이라고 생각하기 시작하면 멸망의 길로 접어든다. 하나의 두뇌보다 여러 두뇌가 궁극에는 반드시 더 훌륭하다. 경영(經營)이 아니라 공영(共營)이다. 혼자 다스리려 하지 말고 함께 일하면 망하기가 더 어렵다.

내가 이런 책을 쓴다고 해서 모든 걸 완벽하게 다 잘했다고 말할 수는 없다. 내게는 결코 짧지 않은 3년 2개월이었지만 지내고 나니 뿌듯함 못지않게 아쉬움도 많이 남는다. 그중에서도 두 가지가 무척이나 아쉽다. 아버지에게도 들었고 한근태 대표의 《채용이 전부다》라는 책에서도 구구절절 배웠건만 나는 끝내 채용 과정에 개입하지 않았다. 내게 충고를 해준 사람들은 명확하게 둘로 갈렸다. 직접 내 손으로 직원들을 뽑아야 제대로 된 사람들을 뽑을 수 있으니 절대 물러서지 말라는 충고와 채용 과정에 참여하는 순간 감당하기 어려운 구설에 휘말릴 테니 근처에도 얼씬거리지 말라는 충고가 극명하게 엇갈렸다. 나는 끝내 후자를 택했고 지금 땅을 치며 후회하고 있다. 대체로 훌륭한 직원들이 많이 들어왔지만, 내가 손을 놓고 있는 사이에 연구다운 연구를 해본 적도 없는 교수들의 제자들이 여럿 비집고 들어왔다. 만일 내게 또 한 번 기회가 주어진다면 그때는 마지막 한 명까지 기어코 내 손으로 뽑고야 말리라.

직원 채용 못지않게 후회 막심한 것은 평가 제도를 혁신하지 못한 일이다. 흔히 '근평'이라고 하는 직원들의 근무 성적 평정은 대한민국의 모든 조직을 좀먹는 대단히 나쁜 제도라고 생각한다. 바로 이 제도 때문에 혁신에 동참하기를 주저하게 된다. 나는 서울에 올 때마다 행정학 교수들과 만나 새로운 평가 제도에 관한 논의를 벌였다. 나는 그들에게 오지랖 넓은 직원이 더 좋은 평가를 받는 구도를 만들어달라고 떼를 썼다. 자기 일도 미처 끝내지 못한 상황에서도 다른 부서와 협업하느라 여념이 없는 직원에게 후한 평점을 줄 수 있는 시스템이 마련되지 않는 한 우리가 그렇게 입이 아프도록 떠들어대는 협업은 그야말로 그림의 떡이다. 이처럼 대단히 혁신적인 제도의 얼개를 가지고 당시 자연보전국장님께 상의를 드렸더니 "대한민국을 개조하시렵니까?"라는 반응을 보였다. 결국 나는 '국가개조혁명'을 이루지 못하고 임기를 마쳤다. 세계적인 경영학자들이 입을 모아 오히려 해악이라고 말하는 구태의연한 평가 제도를 혁파하지 못한 아쉬움은 교수로 복귀한 지금도 좀처럼 씻기지 않는다.

국립생태원장으로 일하던 시절 내가 소셜 미디어 공간에서 한때 퍽 유명해진 적이 있다. 2016년 5월 15일 '우리 들꽃 포토에세이 공모전' 시상식에서 키 큰 고등학생들에게 상을 주던 나는 고등학생 오빠들 뒤에 쭈뼛거리며 서 있는 작은 여자아이를 발견했다. 가족 부문 장려상을 받으러 올라온 아이였는데 큰 아이들을 올려다보며 상을 주다가 갑자기 눈을 내리깔며 상을 주려니 왠지 어색했다. 무슨 이유에서 그랬는지 지금은 생각나지 않지만 나는 순간적으로 그 아이 앞에 무릎을 꿇었다. 아마 그 아이와 눈

나는 그저 순간적으로 그 아이 앞에
무릎을 꿇었다.

높이를 맞추고 싶었던 것 같다. 아이는 순간 흠칫했다. 하지만 내가 환하게 웃자 따라서 배시시 웃었다.

우리 직원이 이 장면을 찍은 사진이 우연히 소셜 미디어에 알려지며 엄청나게 많은 댓글이 달렸다. 어쩌다 나는 겸손과 배려의 아이콘이 되었다. 얼떨결에 꿇은 무릎이지만 사실 나는 줄곧 바로 이 마음으로 생태원을 경영했다. 단 한 차례도 나는 직원들을 무시하지 않았다. 언제나 눈높이를 같이하며 함께 일했다. 나를 따르라고 부르짖기보다 "이런 문제가 생겼는데 어떻게 할까요?"라고 물었다. 섣사리 내 의견을 말하기보다 좀 더 많은 직원의 의견을 모으기 위해 이를 악물고 들었다. 절대로 군림(君臨)하지 않고 군림(群臨)하려 노력했다. 3년 2개월 동안 나는 진정 홀가분하게 일했다.

나는 나의 경영 전략을 숲과 생태계에서 배운, 함께 있되 거리를 두는 '공영(共榮)'이라고 부르련다. '생태경영'과 '통섭경영'을 아우르면 '공감경영'이 된다. "내가 해봐서 모르겠는데" 직원모두가 함께 경영하는 조직이 과연 왜 망할까 싶다. "사공이 많으면 배가 산으로 간다"라는 옛말은 이제 정말 옛말로 치워버려야 할 것 같다. 이제는 사공이 많아야 배가 제대로 간다. 모든 사공이 하나의 목표를 향해 협치를 하면 된다.

내가 정말 꼼꼼하게 번역한《공감의 시대》에서 프란스 드 발은 이렇게 말한다.

"공감을 정확히 '이기적'이라고 말할 수는 없다. 완벽히 이기적인 자세라면 다른 이들의 감정을 단순히 무시하면 되기 때문이다. 하지만 행동을 촉발하는 것이 자기 자신의 감정 상태라면 공감을 '이타적'이라고 하는 것도 적절치 않아 보인다. 이기적/이타적으로 나누는 행위가 중요한 것을 가리고 있을 수도 있다. 왜 굳이 다른 이들에게서 나 자신을 분리해내려고 하고, 나 자신에서 다른 이들을 분리시키려고 하는가? 이 두 가지를 병합하는 것이 우리의 협동의 본성에 숨어 있는 비밀일 수도 있지 않겠는가?"

도킨스의 《이기적 유전자》에 따르면 언뜻 이타적으로 보이는 행동도 유전자 수준에서 분석해보면 결국 이기적이기 때문에 다음 세대로 전달되어 진화한 것이다. 그러나 드 발은 침팬지나 고릴라 등 영장류는 물론 코끼리, 돌고래, 늑대, 고양이, 심지어 새들에게서도 공감 행동이 보편적으로 관찰된다는 점에서 공감은 진화적으로 유래가 깊은 본능이라고 설명한다. 그는 구체적으로 공감은 1억 년 이상 진화한 오래된 뇌 영역과 연계되어 있다고 주장한다. 공감은 결코 호모 사피엔스가 진화하며 등장한 감성이 아니다. 그보다 훨씬 오래전부터 상당히 다양한 동물의 심성에 보편적으로 나타난 속성이다.

그럼에도 우리 주변에는 남의 아픔에 공감할 줄 모르는 사람들이 넘쳐난다. 우리는 2017년 3월 대통령 탄핵이라는 엄청난 시련을 겪었다. 이 글을 쓰는 지금도 법정에서는 세월호가 침몰하던 7시간 동안 대통령의 행적을 추궁하지만 국민의 마음속에서는 이미 최고 형량의 판결이 내려진 지 오래다. 이 땅의 거의 모든 사람은 마치 내 아이가 죽어가는 것 같은 아픔을 함께 나누었건만 대통령은 아무렇지도 않게 하루 일과를 마쳤다는 것을 보통 사람들은 이해할 수 없다. 법 앞에 떳떳한지를 따지기 앞서 인간으로서 마땅히 갖춰야 할 본능적 소양이 결여된 사람이라는 사실이 드러난 것이다.

나는 세월호 사건에서 대통령 탄핵에 이르는 기간 내내《공감의 시대》를 번역했다. 이 과정에서 나는 깨달았다. 공감은 길러지는 게 아니라 무뎌지는 것이다. 인간이라면 누구나 모름지기 어느 정도 공감 능력을 갖고 태어난다. 하지만 우리 중 일부는 성장 환경과 교육에 따라 공감의 예민함을 잃어간다. 이 타고난 인간 본성이 무뎌지지 않도록 하는 사회 구조가 필요하다.

인간은 침팬지를 비롯한 다른 많은 동물과 마찬가지로 이기

성과 공격성을 지니고 있다. 언뜻 보기에 자연은 한정된 자원을 두고 오로지 경쟁만이 존재하는 곳 같지만 자세히 들여다보면 "손잡지 않고 살아남은 생명은 없다." 언뜻 보기에 인간 사회는 탐욕과 불의가 가득한 곳 같지만 실제로는 곳곳에 배려와 신뢰가 넘쳐난다. "나는 공감이 진화적으로 오래된 것이라는 데서 굉장히 긍정적인 면을 본다. 그렇다면 공감이 거의 모든 인간에게서 발달될 확고한 특성이며, 그래서 사회가 공감에 의존하고, 공감을 포용해서 키울 수 있을 것이기 때문이다. 공감은 인류 보편적인 것이다"라는 드 발의 설명처럼 나 역시 공감에 본능적 요소가 있다고 믿는다.

본능은 좀처럼 억누르기 힘든 속성이다. 공감은 발현되도록 환경과 조건을 갖춰주면 아무리 덮으려 해도 끝없이 배어난다. 개미 사회는 기본적으로 한 어머니에게서 태어난 딸들인 일개미들로 이뤄졌지만 우리 인간 사회는 생판 남남이 모여도 거뜬히 협업하며 사랑하고 산다.

충청남도 서천군 마서면 오지에서 이제 겨우 걸음마를 뗀 국립생태원이 해마다 거의 100만 명의 관람객을 불러모으고 '연구·교육·전시를 융합한 아시아 권역 생태 분야 대표 기관'이 되겠다는 비전(vision)을 불과 3년 만에 달성해낸 기적은 채찍의 산물이 아니라 자발적 공감의 결과물이다. 공감경영이 답이다.

경영자에게 일독을 권하는 책

《거품예찬》, 최재천
나는 이 책에 '넘쳐야 흐른다'라는 부제를 달았다. 연구의 탁월함이 넘쳐흘러야 깊이 있는 교육도 풍성한 볼거리도 제공할 수 있다.

《개미 제국의 발견》, 최재천
개미로부터 경영의 지혜 등 배울 게 많다. 2012년에 영문판이 'Secret Lives of Ants(개미들의 은밀한 삶)'라는 제목으로 발간되었다.

《통섭》, 웨드워드 윌슨
내가 진화생물학자 윌슨의 저서를 번역하며 탄생한 '통섭'이라는 용어와 개념은 순식간에 학계는 물론 기업과 사회로 퍼져나갔다.

《침묵의 봄》, 레이첼 카슨
이 책이 없었다면 어쩌면 우리는 화창한 봄은 돌아왔건만 새 한 마리 지저귀지 않는 세상에서 살고 있을지 모른다.

《월든》, 헨리 데이비드 소로
소로는 생태학을 실천에 옮긴 귀한 학자다. 절제된 삶을 실천하며 관찰한 자연의 섭리가 고스란히 담겨 있다.

《제인 구달의 생명 사랑 십계명》, 제인 구달
평생 생명 사랑 정신을 가슴에 품고 살아온 나도 구달의 이 십계명을 보며 여전히 감동하는 구절이 있다.

《우연과 필연》, 자크 모노
생물학자 모노가 쓴 책으로, 방황하던 대학 시절 나를 학자의 길로 인도했다. "우주에 존재하는 모든 것은 우연과 필연의 열매들."

《침팬지 폴리틱스》, 프란스 드 발
마키아벨리와 손자의 책를 읽었다면 이 책을 반드시 읽어야 한다. 다윈, 홉스 독자들도 신선한 감동을 얻을 것이다.

《공감의 시대》, 프란스 드 발
"왜 자신에게서 다른 이들을 분리시키려고 하는가? 병합하는 것이 우리 협동의 본성에 숨어 있는 비밀일 수도 있지 않겠는가?"

《채용이 전부다》, 한근태
아버지는 내게 조직의 명운 역시 사람에게 달려 있다며 채용의 중요성을 강조하셨다. 이 책과 더불어 귀한 가르침이 되었다.

편집자 노트

2017년 봄에서 초여름까지, 이화여대 후문을 뻔질나게 드나들었다. 처음에는 원고를 받고 싶다는 욕심이 앞섰는데, 강연을 들을수록 마음이 가벼워졌다. 평소에 나는 과학자야말로 매우 겸손할 수 있는 사람들이라고 생각해왔다. 언제고 자신의 주장이 뒤집힐 수 있다는 자세로 일상에서도 실험하는 태도로 접근한다면.

이 책의 저자 최재천 교수님은, 생태계에서는 다양성이 곧 경쟁력이라고 말하며 이 명제를 삶과 일에서의 존중과 공존의 지혜로 끌어온다. 실제로 최 교수님은 그러한 믿음을 우리 사회에 변화가 필요할 때마다 실천으로 답해왔다. 매일매일 요구되는 일들에 지치고 "왜 나만?"을 외치고 싶을 때, 최 교수님의 강연과 글은 나에게 뜻밖의 호연지기를 선물해주었다.

— 정소연

최재천의 생태경영

통섭의 과학자, 자연에서 공영共榮을 배우다

초판 1쇄   2017년 12월 20일 발행
개정판 1쇄 2024년   7월 24일 발행

지은이 최재천
펴낸이 김현종
출판본부장 배소라 **책임편집** 정소연 이상희 **디자인** this-cover.com 김기현
마케팅 최재희 안형태 김예리 **경영지원** 박정아 신재철

펴낸곳 ㈜메디치미디어
출판등록 2008년 8월 20일 제300-2008-76호
주소 서울특별시 중구 중림로7길 4, 3층
전화 02-735-3308 **팩스** 02-735-3309
이메일 medici@medicimedia.co.kr **홈페이지** medicimedia.co.kr
페이스북 medicimedia **인스타그램** medicimedia

ⓒ 최재천, 2024
ISBN 979-11-5706-361-1(03320)